班有過動兒：
正向行為支持

李宏鎰　著

★ 作者簡介 ★

李宏鎰 教授

【現職】

中山醫學大學心理學系專任教授

臺中市勵心心理諮商所特聘心理師

臺中市政府特殊教育諮詢委員

臺中市鑑定安置審查委員

社團法人台灣赤子心過動症協會顧問

【經歷】

臺灣應用心理學會理事長

中山醫學大學附設醫院小兒科約聘心理師

中山醫學大學心理學系系主任

高雄市注意力不足過動症協會顧問

財團法人天使心家族社會福利基金會顧問

【著作】

李宏鎰（2008）。**遇見「過動兒」，請轉個彎**。心理出版社。

李宏鎰（2011）。**當媽媽遇見過動兒**。心理出版社。

李宏鎰（2016）。**多動兒的故事**。首都師範大學出版社。

李宏鎰（2018）。**班有過動兒：正向行為支持**。心理出版社。

★ 自 序 ★

　　接續《遇見「過動兒」，請轉個彎》、《當媽媽遇見過動兒》兩本書之後，我特別以老師為對象撰寫《班有過動兒：正向行為支持》這本書，目的不外乎是希望過動症學生可以遇見懂得帶領他的老師，同時也讓老師們有具體策略可參考，以解老師的無力感，避免出現教師離職潮。情緒障礙學生愈來愈多〔其中絕大部分是注意力不足過動症（ADHD）孩子〕，除了班導師之外，學校行政系統包括學務處人員、輔導室同仁都忙得人仰馬翻、哀鴻遍野。雖然，我已經演講四百場以上的特教研習，不斷向老師們介紹如何有效班級經營，但老師們總希望可以有本書能隨時翻閱查詢，以便具體知道如何管理及改善這些情緒障礙學生的適應狀況。於是，我便開始撰寫本書，分享班級經營的策略及學校行政系統的協助模式，幫老師脫離苦海。

　　本書共有七位ADHD學生在校的生活紀實，部分個案改寫自我

獲邀參與的個案研討內容，所有個案姓名皆非本名，在此感謝校方老師的詳細記載。第一個故事介紹，一旦國小低年級的ADHD學生有嚴重脫序行為時，輔導室如何先行介入；接著介紹苦口婆心型的老師不見得能有效帶領ADHD學生；之後的個案分享將強調如何採用「正向行為支持」（positive behavior support）策略實際幫助學生。這些故事以不同階段ADHD學生的學校生活展開，讓教導不同年級的老師可以具體看見學生成長中的適應困難所在，貼切地教育他們，避免他們走向歧途。在此，代替ADHD孩子感謝老師成為他們生命中的貴人。

 教授

中山醫學大學語言治療與聽力學系／心理學系

2018年3月22日

★ 目　次 ★

像泥鰍的小恩

　　小恩是家裡的老么、阿嬤的心肝寶貝，爸媽為了生出個男丁，已經前前後後生了三個姊姊，大姊已經讀高中了，所以小恩成了家中的小寶貝。小恩住在三代同堂的大家庭裡，除了爸媽和姊姊們之外，還有阿嬤和大伯。小恩的父母是務農的，但不是自耕農，而是擁有很多臺大型農作機械，到處幫人播種及收割。所以，小恩的爸媽有時得離開臺中家到南部好幾天，去協助農家工作，一直到農忙結束才會回家，這時小恩就會委託大伯及阿嬤照顧。

開學頭四週的藥物介入

　　小恩成為國小一年級新生後的第一週，其過動及衝動行為就非常明顯，需要有一位老師隨時抓住他，否則就會像是泥鰍般一滑就

跑掉了，身手相當矯健。而且，他喜歡在地上打滾，讓導師實在不知所措。上課時，小恩總愛在課程中打斷老師、干擾上課，甚至拿武器（所有長條形的物件）想攻擊老師。不然就是在教室內隨意走動，所有教過他的老師都被他整得七葷八素，抱怨連連。

小恩媽媽表示他已經有服用治療過動症的藥物了，但行為依然失控，於是老師們都懷疑小恩是否真的有吃藥。導師只好請小恩媽媽盡快帶小恩回診，問清楚藥物為什麼完全沒有效果，並且往後的每一天都要求媽媽需來學校陪同小恩一起上課，否則老師沒辦法管教他。但是，媽媽在課堂上對小恩的制止聲，對老師的授課而言，也帶來不少干擾。因為小恩媽媽需要不斷要求他「坐好來」、「認真聽講」、「不要亂動」等等，常會引起其他同學的注意，讓其他同學沒辦法專心。

導師感到相當頭痛，想到未來兩年的教學之路將是艱辛難行，心中大石瞬間壓了下來。媽媽表示小恩在幼兒園時，就有明顯的過動症狀，經住家附近的區域醫院診斷為ADHD，從大班開始就服用「利他能」（Ritalin）。剛入小學時，改到教學醫院就診，醫師開

了「專司達」（Concerta）給小恩，但效果似乎不佳。

　　經小恩導師的轉介，輔導室於第二週起開始介入，首先請小恩媽媽帶他到輔導室上課，以一對一方式觀察小恩的行為，並且藉由教導過程，評估小恩的學習狀況、反應行為、注意力及過動等症狀。經輔導老師觀察，小恩經常有爬上辦公桌打滾、鑽到辦公桌底下吃東西、要求媽媽給他手機玩等脫序行為。當輔導老師開始上課時，需先要求小恩坐回座位上，老師再用一隻手拉住小恩，並且客氣地邀請小恩開始寫字做作業，他才可以勉強寫上幾個字。這些行為在課程中需不斷重複，相當耗時，一節課 40 分鐘裡約有 30 分鐘都花在糾正小恩的行為上。而且，小恩相當精明，常會提出許多要求，藉故拖延時間，像是被指示要用橡皮擦擦掉錯誤時，他就會要求先把橡皮擦的外盒完全剝掉，而且一定要照他的方式，不然他不願把錯誤的字擦掉。可是剝掉橡皮擦的外盒後，小恩卻開始坑自己想要玩的東西，不願意配合老師的指導。也就是說，小恩往往說到做不到。

　　輔導老師認為小恩目前確實需要有人時時刻刻在旁看管，因為

可能會有意外發生，小恩媽媽表示在家也是一樣都要有人顧著。開學沒幾天，小恩有一次下課到校園玩盪鞦韆，結果因為衝得太快，跌個狗吃屎，額頭跟鼻頭都擦傷了，可是即便如此他還是繼續玩，沒有哭。只是上課鐘響後，小恩不想上課，才開始表示傷口很痛，在地上耍賴，藉故不想回輔導室上課。

另一方面，小恩媽媽很擔心小恩以後長期服用西藥會傷身體，而且吃「專司達」一直沒效，甚至出現夜驚、食慾不振等副作用。所以，改換成服用中藥，但效果仍然不佳。

於是在第三週，在導師及輔導老師的堅持下，請小恩媽媽持續讓他服用「專司達」，以便評估小恩的症狀在服藥前後的差異，才有利於申請特教資源。同時，也要求小恩在校時於老師的監督下服用「專司達」，以杜眾人攸攸之口。奇怪的是，小恩服藥之後的效果仍舊不好，而且他相當抗拒吃藥，會將藥丸含在嘴巴裡很久，遲遲不吞下去，或是將藥丸藏在舌頭下面、臉頰兩側，故意讓老師或媽媽以為他已經吞下去了。雖然偶爾也是吞進去了，但是小恩的過動及衝動的行為依舊，課程難以進行，師生倆每天都在拉扯及互相

懲罰中度過。在過程中，小恩媽媽還是一直嚷著吃藥沒有效，想要改回吃中藥。該週結束時，小恩的導師及輔導老師也很用心地協調各單位主任出席小恩的個案研討會，大家一起討論該如何共同合作，幫助小恩。

由於小恩對「專司達」的反應不好，媽媽於第四週帶小恩回診，要求醫師換新藥，於是開始服用「利他能」，結果「利他能」的藥物效果相當明顯。小恩的過動和衝動症狀緩解很多，已經可以在座位上坐個二十幾分鐘，而且能跟隨老師的指令，一步步做到老師的要求，課業完成度進步很多，較少出現反抗行為，真是萬幸，老師們都大大鬆了一口氣。雖然，小恩還是比其他小朋友容易分心，有時仍然會轉頭跟小恩媽媽講話，但是已經不用時時刻刻拉住小恩，擔心他亂跑、亂動了。

「利他能」或「專司達」是目前用來治療ADHD的第一線藥物，它們在 1940 年代就已經被發明出來，成分都是中樞神經興奮劑甲基芬尼特（Methylphenidate）註1，兩者的差別主要是釋放方

式，因而藥效長短不同，「利他能」約 4 小時，「專司達」則可達 12 小時。就釋放方式而言，「利他能」是立即釋放型，所以藥效很快且明顯，通常半小時左右就會開始作用，2 小時後達到最高血漿濃度，其後開始逐漸下降，可惜藥效只有 3～4 小時。所以針對國小學生，尤其是低年級學生而言，服用短效的「利他能」，效果最為明顯。相對地，膠囊狀的「專司達」其釋放方式較為溫吞，屬於延長釋放型，約 1～2 小時後才能開始作用，在隨後數小時內逐漸增加，6～8 小時後達到最高血漿濃度，其後才開始逐漸降低，通常都是國高中的ADHD青少年在服用。也由於藥效長短不一，所以通常服用「利他能」是早上及中午各吃一次，而「專司達」只需早上吃一次即可。值得一提的是，在臺灣的長效「利他能」，即「利長能」（Ritalin LA）也開始被使用了，它的藥效可達 8 小時。家長可依據孩子的不同需求及狀況，聽從專科醫師的醫囑決定是否服用合適藥物，家長不需要當鍵盤醫師，向醫師充分表達需求即可。

70～80%的ADHD兒童使用「利他能」或「專司達」後，注意

力可獲得明顯改善,過動與衝動行為也會跟著減少一些,繼而人際關係也會獲得改善(Scahill, Carroll, & Burke, 2004)。但是,它們仍是中樞神經興奮劑,容易造成入睡時間延後,所以醫師大都會提醒家長,不要讓孩子在下午 6 點之後服用,因為部分孩子會更加輾轉難眠。藥物本身並不會造成嗜睡,不會在體內累積藥量,也不會有成癮問題。

🌸 循序漸進的入班適應

除了藥物介入之外,在開學頭四週裡,輔導老師的介入策略也非常好,可供其他老師參考。初期,先將小恩抽離出班級,在輔導室進行行為觀察以及採用一對一的教學,過程中初步建立起小恩的上課態度、學習習慣,同時了解學校的生活常規。前兩週,由輔導室全體老師輪流協助,之後則商請其他單位派員來分擔課務。因為每位老師仍有其他需完成的工作,且帶小恩實在太累了,需要輪流休息。一直到了小恩服用「利他能」,行為穩定之後,才讓小恩逐

班有過動兒 正向行為支持

漸回到原班級上課，否則對班級的干擾太多，導師根本無法上課。也就是說，過程中先讓小恩在輔導室上課，後來才讓小恩回原班級上科任課，或是增加小恩在原班級上課的堂數。一開始，小恩一天只上原班導師的一堂課。此外，亦請特教班的特教老師協助觀察小恩在團體中的學習狀況，以利特殊資源的申請。校方的計畫是讓小恩獲得特教生資格，之後讓他於大部分時間回到原班級上課，但是部分時間讓小恩去資源班上課。在這一個月中，導師一直邀請小恩媽媽陪同小恩上學，尤其是在下課時間，仍然需由小恩媽媽在旁看管。因為小恩時而穩定、時而暴衝，難以控制。這也是現代老師心裡的苦，在不能體罰學生的前提下，老師們覺得可以用來管教學生的手段明顯變少。

服藥後仍待解決的問題

老師覺得服藥後，小恩的衝動及過動行為改善許多，至少上課時不用隨時用手拉住他，小恩就可以乖乖坐著，而有了學習的可

能。可是，他並非完全沒有干擾行為，與一般學童的狀態仍然相去甚遠。小恩偶爾還是會跑到講臺前跟老師互動、玩教室內的物品、上課時製造聲響干擾周圍的同學、打斷老師上課等；下課時，則如同放出去的風箏收不回，例如：小恩下課時跑到遊戲區，會不知危險地爬到很高的地方站著，或是盪鞦韆時不會掌控力道而摔了下來；也會跑到學校水池中試圖游泳，真是令人擔心他的安危。小恩好像沒有害怕或恐懼的情緒。

此外，在小恩的ADHD症狀被稍微控制住之後，老師認為他的其他行為問題卻隨即突顯出來，例如：三不五時會跑去抱住（女）老師，老師認為這可能是因為小恩跟媽媽的互動也很親密使然；媽媽在校陪讀時，小恩也會有抱抱媽媽、坐媽媽大腿上、親親媽媽等親暱行為。其實，ADHD兒童的行為大都比較幼稚，他們的心智年齡都較低。再者，小恩有一個特殊行為，就是會習慣性的將異物放入口中咬，例如：橡皮筋、鉛筆芯、彈簧、磁鐵等物品，即便再三告訴小恩這麼做會導致不好的結果，像是拉肚子、中毒及生病等，而他也知道隨便咬東西是不對的，但仍然會表現此行為，無論在校

或在家皆會發生。主要令老師頭疼的是，小恩的衛生習慣不佳，會直接將食物從袋子中拿出來放在桌上，或是嘴巴塞滿食物就開口講話，食物掉了滿桌滿地都不在意。開學第一天，全身衣服就已經弄得髒兮兮，像是在泥巴中打滾過一樣。這很有可能是因為小恩是全家的心肝寶貝，媽媽經常隨侍在旁，導致小恩尚未學會自理能力。因此，老師得採用行為改變技術，從頭開始教了，需改正小恩的生活常規、衛生習慣及口咬異物的行為。

在教導小恩的過程中，老師覺得小恩的注意力不足問題依然存在，需要不斷的重複提醒他，不然他總是左顧右盼。同時，老師也發現小恩的學習能力尚可，但是不喜愛挑戰新事物，遇到新的課程馬上會開口說：「不知道」、「不會」。此外，當面臨難度較高的課程內容，或是沒有耐心不想再繼續學習時，他就會表示想要上廁所，或是要老師滿足他所提出來的條件，才願意配合，有效時間只有 3～5 分鐘，但服藥後確實較能遵守規範，時間可長達 20～30 分鐘左右。而且，小恩非常自我，常在老師的講解過程中打岔，自顧自的發表意見，不會跟隨老師的話題。所以，小恩的導師除了鼓勵

與肯定小恩好的行為表現之外，也會準備一根棍子在旁邊，當小恩耍脾氣或行為不當時，用來警惕他。因為小恩的爸媽在家會用水管修理他，所以秀出棍子對小恩有一定的嚇阻作用。

🌸 行為塑造上的難題

　　小恩喜歡跟老師或媽媽談條件，如果達成某個目標就能玩或買獎品。老師認為這是因為小恩媽媽長期用條件交換方式要求小恩表現出好的行為，例如：乖乖坐著就讓小恩玩手機，或是等一下會買玩具給他等。老師覺得這種談條件的方式很不好，於是告知小恩媽媽應該增強其心理酬賞，勝於物質的給予。因為老師看到小恩媽媽剛開始到校陪讀時，常為了讓小恩能安分的坐在位子上，就給他手機，讓他玩遊戲或看卡通等。

　　事實上，小恩媽媽的管教方式至少可以分成兩大類：一是讓小恩使用手機，讓他當下能夠安靜下來；另一是要求小恩完成某項工作要求，然後就可以使用手機或買獎品給他。以上兩者有著不同的

內在運作方式：前者是讓小恩去做他喜歡的事，讓他安分；後者是讓小恩努力達成某個目標後，便可以做他喜歡的事。兩者都是教育訓練ADHD孩童的方法，只是採用「玩手機」的增強物有所爭議而已。在學校是一律禁止學生使用手機的，而且使用手機玩遊戲，如果遊戲本身內容不當也會影響孩子的認知，再者，長期觀看手機又會影響視力。所以，採用「玩手機」為增強物並不是最好的選擇。如果在自修課或是自由活動時間，讓小恩去做他喜歡的事，如看繪本、操作教具等，能讓他安分，也是不錯的作法。讓小恩努力達成某個目標後，便可以做他喜歡的事，包括：看繪本、畫畫、跟同學玩遊戲、操作教具等有益身心發展的活動，都是很好的作法。所以，重點是老師及媽媽要開發出更適當的、新的、好玩的活動。

老師表示，小恩使用手機的習慣，在開學前一兩週的規律上下課，以及班規明確予以要求，所有同學都需遵守的情況下，已經改善許多，但小恩仍然會三不五時地提出其他要求。其實，大人可以跟孩子談條件，只是孩子必須付出代價來換，而且孩子一旦不履行承諾時，大人也需知道該怎麼辦。所以，最好的方法是要求他先履

行所要求的好行為，才可以給他們等值的回饋，例如：如果能彈鋼琴 30 分鐘，就可以玩遊戲 30 分鐘。讓他們體會辛苦所得，必有大大回報。

　　針對小恩排斥服藥的行為，老師採用正增強小恩服藥後的效果，也就是比較服藥後的行為差異，將之回饋給小恩，讓小恩看見自己的進步，即讚美小恩服藥後的行為表現，以增強其服藥的動機。尤其在讚美小恩表現好行為的部分，必須採用具體的說明，例如：明白指出小恩寫聯絡簿的速度比昨天快一些，並給予鼓勵（蓋「好棒」的章）。同時，詢問小恩發生了什麼事，讓自己表現可以進步，具體回饋之。針對小恩罵三字經或攻擊的小動作，老師可採「削弱」的方式忽視之，不隨之起舞。

🌸 應用行為分析

　　針對小恩口咬異物的行為，老師目前卻苦無良策。在此建議可以採用應用行為分析的方式，先觀察通常在什麼情況下，小恩會出

現口咬異物的行為，即此偏差行為的前導原因為何。再者，觀察小恩表現出咬異物的行為之後會得到什麼後果。也許，老師可能會觀察到小恩通常在完成困難的作業之後，會表現出拿東西咬的情況，而有時沒有被制止、有時有被制止。此時，咬東西的行為即是小恩為了舒緩壓力而表現的行為，老師只要尋找替代行為讓小恩採用其他行為來紓解壓力即可，例如：完成作業後，可以玩自己喜歡的東西。

也許老師觀察到的現象是：小恩在閒閒沒事做的情況才表現出咬東西的行為，一旦咬了東西，老師就會注意到他，並大聲制止他，小恩就會得意地哈哈大笑。如果真是如此，就有可能是小恩在無聊時、想找人互動時、想獲得他人的關心時，才使出咬東西的技倆。此時，只要交待小恩去做指派的事（即擔任小幫手的工作），讓他有表現的機會即可，平時也要多跟小恩有正向互動，讓他覺得有被關心到，如此即可逐漸減少咬東西的問題行為。所以，尋找「替代行為」有助於消弭「偏差行為」。重點是替代行為需要具有與偏差行為同樣的功能，因此做好功能性評量以了解偏差行為的功能是相當重要的。

🌸 親師溝通的難處

在協助小恩適應學校生活的過程中，導師先與小恩媽媽合作，鼓勵小恩媽媽要帶他去就醫，尋求醫療的協助，尤其像小恩這麼嚴重的ADHD孩子，有藥物等醫療手段的同時介入，對孩子的幫助較大。然而，小恩媽媽卻三不五時的表示想要改回服用中藥，雖然目前服用的「利他能」可以減低小恩的過動及衝動行為，但是媽媽覺得吃藥會造成小恩經常夜驚，所以想要改服中藥。媽媽的想法反反覆覆，造成輔導室及相關老師的情緒反彈，讓導師覺得很苦惱：「該如何先紓解自我情緒，站在較理性的面向與小恩媽媽討論小恩的行為問題呢？」

除了耐著性子，不停地與小恩媽媽溝通、澄清其疑慮之外，導師也連絡校外資源，包括台灣赤子心過動症協會等社福團體，提供小恩媽媽其他衛教資訊，由其他有同樣遭遇的家長來說服小恩媽媽似乎比較有效。此外，也讓小恩到醫院接受職能治療，參加遊戲治

療等醫療課程，訓練小恩的感覺統合能力，學習更適切的人際應對方式。

🌸 學校行政協助

導師在剛開學沒幾天就因為小恩嚴重干擾班上的教學活動，因而將小恩拉出班級，到輔導室進行一對一教學。儘管如此，由於小恩的衝動行為非常明顯，幾乎需要有人隨侍在側，拉著、抓住其手臂，才能避免他亂跑、亂鑽。在學校輔導室的人力並不足以應付這樣的狀況下，才請媽媽到校協助，擔任教助員的角色，可是媽媽的存在也造成額外的干擾，真的不知如何處遇才是最適宜的。所幸在服藥之後，小恩可以逐漸回班上課了。

之後，老師所能夠提供的行政資源就是引介特教資源。小恩媽媽並不反對小恩進資源班，但是小恩初入小學時，因為在幼兒園就學時，幼兒園老師並沒有將之通報，也沒有到醫院就診，所以沒有身心障礙手冊，沒能獲得特教生身分。因此，也沒有辦法為其申請

教助員的協助。只好從小學一年級開始，積極蒐集相關資料，包括
呈現目前的完整輔導紀錄及導師與科任老師的處遇過程，期中之後
再送鑑輔會申請特教生鑑定，以利後續的特教協助，而現階段只能
由輔導系統加以協助。幸好小恩就讀學校的輔導老師相當熱心，十
分樂意全體動員協助小恩，可惜並非每位ADHD學生都如此幸運。

註1：

　　大腦中的神經元彼此間的溝通，主要是透過神經傳導物（化學物質）的合成、釋放、回收、分解及結合等階段來完成。其中的回收階段是指未與接受器結合且未被分解與清除的神經傳導物，會被「回收轉運器」（reuptake transporter）再帶回突觸前神經元的軸突末梢，此時被回收的神經傳導物有可能被分解或重新裝填進入囊泡內，以等待下一次的釋放。神經藥物就是透過上述五個階段之一來改變神經傳導物的效能，而治療ADHD的藥物即是作用在其中的回收階段。

　　事實上，目前未知甲基芬尼特對ADHD的治療機轉為何。但是，大家都認為它會阻斷正腎上腺素（norephinephrine）及多巴胺（dopamine）再被吸收到突觸前神經細胞，且會增加這些單胺類被釋放到神經細胞外。所以，不管是服用「利他能」或「專司達」，它們進入腦內與軸突末梢上的正腎上腺素及多巴胺回收轉運器結合並抑制它的作用，使得釋放到突觸間隙中多餘或剩下的正腎上腺素及多巴胺無法經由回收轉運器被回收，這些游離的正

腎上腺素及多巴胺就有更多的機會與突觸後神經元上的正腎上腺素及多巴胺接受器結合而完成訊息傳導的功能，進而改善ADHD之症狀（如圖 1 所示）（Scahill et al., 2004）。

　　服用甲基芬尼特常見的副作用為失眠、食慾不佳、暴躁易怒、神經質焦急、胃痛、頭痛、口乾舌燥、視線模糊、噁心、暈眩、昏昏欲睡、抽搐等。但是，不是所有ADHD孩童都會產生上述的副作用，個別差異很大，可藉由逐步調整適當劑量或藥物種類來改善，多數的副作用是可以降低到可接受的範圍內。過去曾經認為服用這類神經興奮劑會導致小孩的身體發育遲緩，但之後的追蹤研究都指出對體重也許有影響，但是對身高幾乎沒有任何影響。

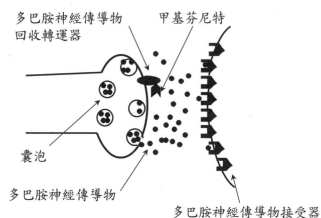

多巴胺神經傳導物
回收轉運器

甲基芬尼特

囊泡

多巴胺神經傳導物

多巴胺神經傳導物接受器

突觸前神經元突　　觸突觸後神經元
軸　突　末　梢間　隙作　　用　區

圖1　注意力不足過動症的藥物（利他能或專司達）作用
　　　基本原理

原本的好意，卻以悲劇收場

　　銘鴻雖然已經升上國小三年級，可是他並沒有愈來愈適應學校生活，除了ADHD的症狀之外，還伴有嚴重的人際問題，在學校不斷與同學及老師起衝突。此種狀況造成剛接手的導師無比困擾，每天都得面對銘鴻的「突發事件」。每天都在滅火，不知道明天他又要捅出什麼婁子。

　　開學至今三週，銘鴻每天都會有「新鮮事」，例如：上課嚼口香糖或吃餅乾、打掃時間跑去盪鞦韆、把同學的鉛筆盒丟到操場、上課中踢同學的桌子、老師糾正時表現不服氣的態度、下雨撐傘在外面玩得全身溼答答等，都是家常便飯。導師儘量不將這些寫在聯絡簿上，因為不希望銘鴻因此被爸媽打。但是，有時事態嚴重又不能不說，而感到很為難。導師也很詳細地將銘鴻每天的狀況記錄下來，讓我們得以知道身為ADHD學生的導師是多麼的辛苦。

先撇開與同學的衝突不說，單單是銘鴻自己做出來的問題行為就令導師很頭痛了。以下是導師所羅列出的偏差行為。

星期一，銘鴻帶「拉炮」來學校。一大早掃完地，回到教室後，銘鴻就偷偷地往座位底下伸手一拉，拉炮發出「碰」一聲，隨即飄起一陣煙臭味。第三節上美勞課，因沒帶保麗龍膠和亮片等材料，沒辦法完成美勞作品。製作過程又把作品的提帶扯斷，所以作品太殘缺，沒得救。然後，就索性看起漫畫，但沒多久就被美術老師給沒收了，並提醒他上課不能看漫畫。

星期四，不服處罰。下午第二節課，銘鴻因為上課時離開座位，老師罰他交出一張榮譽卡，他就開始生氣，說：「管你，煩ㄌㄟ，奇怪！」然後踢桌子，老師於是把銘鴻的桌子移走，他就踢隔壁同學的桌子。老師不再理會他，開始上課，玩比手畫腳猜圈詞的遊戲。銘鴻一開始故意搶先說出答案，不讓別人作答，後來就恢復原狀，不再生氣，專注在答題上。

星期五，銘鴻帶「電動玩具」到校。第四節上美勞課時，他偷偷拿出來玩，被老師發現後遭沒收，扣留在導師桌上。下午第一節

上美語課時，同學向導師報告銘鴻又拿著電動玩具。導師因為在別班上課及開會，無法回教室確認銘鴻是否拿走了電動玩具。一直等到放學後，開完會回到教室時，才發現桌上的那臺電動玩具不見了。導師打電話告知銘鴻媽媽，銘鴻今天帶電動玩具來學校玩，且請她問銘鴻是否自己拿走老師桌上的那臺電動玩具。如果不是銘鴻拿走的，而是真的丟了，導師會負責賠償。銘鴻媽媽表示，這是銘鴻做錯事被沒收，不必賠償，但會處罰銘鴻。導師建議媽媽，可以規定銘鴻在一段時間內不能玩電動玩具，但是不要用「打」的方式。

🌸 熱心過頭的銘鴻

以上只是銘鴻不影響他人的偏差行為，頂多自食惡果而已。最讓導師疲於奔命的是銘鴻的人際互動問題，因為要安撫的不只是被銘鴻欺負的同學，還有科任老師及同學的家長。

星期一，幫同學拿回倒掉的骨頭。上體育課時，逸安回來教室

報告說，銘鴻在上課中從活動中心跑掉了，導師只好先到辦公室通報輔導主任，並和特教組長葉老師到校園中找人，隨後在司令臺旁邊找到了銘鴻。導師說：「你是要回教室或我通知你媽媽來學校？」銘鴻不回答。葉老師表示先讓她跟銘鴻單獨談一下，於是導師就回教室批改作業。

　　下課時，葉老師打電話告訴導師，表示銘鴻還是不回教室，現在在輔導室。於是導師去找他，並再次表示：「你是要回教室或我通知你媽媽來學校？」銘鴻生氣地回說：「陳玉婷偷我的東西！」導師說：「那就回教室處理。」銘鴻這才跟導師回教室。

　　導師找來玉婷問清楚，原來是昨天午餐時，玉婷留了一大碗骨頭在桌上，原本要帶回家給狗吃，可是卻被同學倒掉了。因為當時導師覺得午餐時間快結束了，所以請同學幫忙將那些骨頭倒掉，沒想到玉婷卻哭了。導師問她：「為什麼哭？」玉婷說：「那些骨頭是要帶回家給狗吃的。」導師安慰她說：「不用哭，拿回來就好了啊！」沒多久，就看到銘鴻幫玉婷要回了骨頭。導師還特別對身邊的同學說：「沒想到去幫忙的竟然是銘鴻，真令人感動啊！」

可是，導師沒想到，玉婷私底下為了感謝銘鴻，讓他可以從自己的鉛筆盒中選走兩樣東西。銘鴻先拿了筆芯，又拿了圓規，但是玉婷說圓規不行，銘鴻又說：「（圓規）能借給我嗎？」玉婷說：「可以。」之後玉婷卻自行將圓規拿回，沒有告訴銘鴻。在上體育課時，銘鴻就跟玉婷吵架，指玉婷偷走了他的東西，被體育老師制止，於是銘鴻生氣地跑掉。導師在詢問此事的過程中，雙方一直各執一詞，銘鴻說玉婷有說圓規要送他，但玉婷堅持只是借沒有送。

最後，導師要銘鴻將兩樣東西都還給玉婷，並告訴他：「幫助別人是你的一片善心，不能要求回報。就算玉婷自己提出來，你也該拒絕，你又不缺這些東西。原本你幫助別人，是一件很棒的事，但現在卻搞得像是你的錯，對自己有好處嗎？」同時也對玉婷說：「感謝幫助我們的人是應該的，但是不應該用物質來回報，況且妳家經濟狀況不好，更應該珍惜自己的用品，怎麼可以隨便送給別人。」

星期二，幫同學占小便斗。銘鴻與邦誠下課去上廁所，子儀也去上廁所，銘鴻就對子儀說，第二個小便斗是邦誠的位子，但子儀

不理會他，仍然在第二個小便斗上。於是，銘鴻就去拉子儀，要把他拉走，子儀先抓住隔板，但不敵銘鴻的力量，就回頭打了銘鴻三下。事後，導師告訴銘鴻，廁所是公物，不是私人物品，誰都可以用，為什麼不准子儀用？也問邦誠看到他們在爭吵，他怎麼做？邦誠說：「我就到後面去上了啊！」導師對銘鴻和子儀說：「你看，這叫肚量。別人不讓我做，我就讓一下嘛！不跟別人計較，根本不會吵架。你們兩人就是肚量小，別人不讓我做的，我硬要做，因此就會起衝突，只要彼此讓一下，根本沒事。老師希望大家上完廁所趕快回教室，就可以馬上做下一件事，這樣不是很好嗎？希望不要再發生這種小事了。」

星期五，幫忙叫同學去資源班上課。一大早打掃時，導師從三樓巡視打掃區回到一樓樓梯口，彥霆卻哭著走出教室，告訴導師說：「銘鴻搶走我的聯絡簿，還把上面的進度表撕破一個洞。」導師詢問銘鴻，他說：「我是要叫他趕快去資源班，可是他不聽，還在寫聯絡簿，所以才搶走他的聯絡簿。」彥霆說：「就是因為聯絡簿還沒抄完，要抄完再去。但是，銘鴻就搶走了我的聯絡簿。」導

師語帶責怪地告訴銘鴻：「你以後別再接教室的電話了。」銘鴻卻回說：「電話又不是我接的。」導師說：「既然資源班老師沒請你叫彥霆，那你何必管彥霆呢？」銘鴻生氣地又回說：「資源班老師就在催了啊！」隨後開始情緒化，很激動地一再強調資源班老師在催。原來是別的同學接了教室的電話，是資源班老師要彥霆「趕快」去上課，銘鴻就一起幫忙叫彥霆去上課，卻見彥霆在抄聯絡簿，就搶走它，要彥霆去上課。導師只好向輔導主任報告，在主任與銘鴻談了之後，銘鴻才恢復平靜。

我在此得提醒老師，過動症孩子很在乎是否被人誤會。銘鴻因為被老師誤會去接教室的電話，所以在生氣，但不見得是因為「好心被雷親」而在生氣。

星期五，路見不平。下午第二節下課時間，子儀用手拍走仁豪的球，但仁豪要他還球後，子儀隨即就還球了。可是，銘鴻見狀卻抓住子儀，責怪他為何拿走仁豪的球，於是兩人打了起來。六年級的學長要他們住手，銘鴻卻回嘴罵：「幹你老師！」學長回自己教室報告老師。導師找來銘鴻、子儀和仁豪一起問清楚，仁豪表示並

沒有怪子儀的意思。導師認為這是銘鴻「自以為是」的個性使然，要求銘鴻別這麼自我，每次與人起爭端都是相同的理由，要改。

　　星期一，轉告同學不可以跟隔壁班同學玩。又是下課時間，邦誠和三年乙班的同學在玩球時，銘鴻卻跑過去警告邦誠說：「乙班老師規定，乙班同學不能和三年甲班同學玩。」但是邦誠不予理會，於是銘鴻出手想拉住邦誠，邦誠閃開，銘鴻再用膝蓋頂撞邦誠的腿，邦誠痛得大哭，其他同學見狀，就回教室報告導師。導師先請邦誠坐下來休息，關心他是否仍然很痛，有沒有紅腫之類的，如果受傷了，會通知銘鴻的家長負責醫藥費。幸好邦誠休息 5 分鐘左右之後，就說不痛了。導師質問銘鴻到底是怎麼一回事，銘鴻說：「乙班老師規定同學不能和三甲同學玩，我就叫邦誠不能跟乙班的同學玩，可是邦誠就不聽，所以我才拉邦誠的。」銘鴻還表示自己不是故意踢邦誠，是不小心的。導師滿肚疑惑，隔壁班老師真的要求學生不要跟自己班上的學生玩嗎？銘鴻一直強調說是真的，自己的哥哥和乙班同學都這麼說。於是，導師叫乙班的同學來求證，結果證實乙班老師真的有規定乙班同學不能和甲班同學玩。

導師告訴銘鴻：「如果要跟同學傳達這項規定，可以在上課時間，大家都在的場合公開說，是不是比較恰當？下課時間，同學玩得好好的，你硬要邦誠不准和乙班同學玩，邦誠怎麼知道是不是老師規定的呢？」導師覺得邦誠是個性很隨和的孩子，平時都不跟同學計較，這次會哭得這麼傷心，一定是覺得很痛，便要求銘鴻道歉。之後，銘鴻對邦誠說對不起，邦誠也很體諒地對導師說，不用醫藥費啦！導師一再提醒銘鴻：「不要對同學動手動腳，不要再讓自己原本的好意，最後都以欺負同學收場。」

星期四，藉故不打掃。打掃時間，導師巡視教室外的打掃區，發現銘鴻不在自己的打掃區。芷琳說銘鴻去叫仁豪回來掃地，但就沒回來了，該打掃區只剩芷琳一個人在打掃。導師正回教室時遇上仁豪，仁豪說：「去幫忙自然老師洗菜了（自然課種菜收成，自然老師要煮成青菜豆腐湯，請全班吃），所以來不及。」導師說：「來不及，也該先告訴老師。」

回到教室，銘鴻已經在他的座位上了。導師問他：「為什麼去叫仁豪就沒回去掃地？」銘鴻說：「我是去叫仁豪。」導師又說：

「你只要做好自己的事就好，仁豪沒掃地老師自己會處理。但是，你去叫人就沒回來打掃，老師會以為你偷懶。」說完，銘鴻就開始生氣，把作業簿丟在地上。

升完旗，自然老師來教室通知大家準備餐具，因為有幾個籃球隊員不在，導師請同學幫他們裝好，但同時發現銘鴻還在生氣，不準備餐具。自然老師好奇問為什麼，導師向自然老師說明經過。自然老師說：「銘鴻剛才打掃時間也在幫忙洗菜，所以沒去打掃。」導師理解後跟銘鴻道歉，希望他可以原諒老師。自然老師特地幫銘鴻裝了一碗，導師也接過手將之放在銘鴻桌上，再一次道歉。銘鴻一直都沒說話，不久，就把湯喝完了。導師說：「不原諒老師嗎？我可以幫銘鴻洗碗喔！」銘鴻不想理會老師，自己用餐巾紙擦一擦餐具，再拿到洗手臺沖水。導師說：「只有沖水不會乾淨。」於是，導師接過餐具再洗一次，再告訴銘鴻要將餐具還給自然老師並道謝。此時，銘鴻逐漸恢復平靜去上課。

❀ 總愛惹同學，使出鬼影腳

上體育課時，體育老師要求男女同學分別坐在線的兩邊，銘鴻責怪喬羽越線，就用腳飛踢她。當時在喬羽身邊的同學都說喬羽沒有越線，是銘鴻不對。喬羽因為被銘鴻踢，在保健室冰敷了 20 分鐘才回來上課，導師同時也將此事告知銘鴻家長。

下課時間，志宇跑來向導師報告說：「銘鴻一直在追撞志偉，志偉就一直跑給銘鴻追。」等銘鴻回到教室，導師向銘鴻說同學指證他追撞志偉的事，並請志宇將事情經過寫下來，要貼在銘鴻的聯絡簿上讓他爸媽知道。銘鴻就開始生氣，把國語課本撕破七張。導師要銘鴻將課本撿起來，但他不理會導師，自顧自地一直在寫回家作業。導師只好打電話通知家長，希望家長能到校協助處理，可惜家長出門在外，無法立即到校。隔天，銘鴻媽媽在聯絡簿上寫著：「請處罰銘鴻，不要讓他下課。」但是，導師到了隔天上午 11 點才有空看聯絡簿，所以銘鴻下課時間早就在外面玩了，並沒有留在

教室。導師只能在聯絡簿上註明每天狀況，並提醒銘鴻要做到答應媽媽的事。

中午用餐後，同學們發現有一隻蜜蜂和蜘蛛在樹洞裡打鬥，導師要他們在一旁觀察就好，別出手干擾牠們。但是等導師一離開，銘鴻就站到最前面的位置，一發現蜜蜂飛出來，就用腳踢牠。同學馬上跑去報告導師，導師要銘鴻進教室等他，銘鴻卻開始大叫：「為什麼？」而不肯進教室。

導師只好拉銘鴻的手進教室，銘鴻邊走邊抱怨，抗議說別班的同學也有踢，他們也要對自己負責。導師回說：「你會說別人要對自己負責，那你就不用對自己負責嗎？你就沒踢嗎？」銘鴻仍然很生氣，導師不理他，開始批改作業，讓銘鴻站著冷靜一下，給他個3到5分鐘，之後再開導他說：「每次有事，你總是怒氣沖沖地說別人有錯，老師想好好跟你說話，也都會被你激怒，這對你來說有什麼好處？只是多被罵而已，就不能心平氣和地先聽別人說嗎？這是你最大的缺點，自己要知道。」這時銘鴻已經氣消，導師才讓他回自己的座位上。

星期四上午第一節下課時間，怡君媽媽打電話告知導師，銘鴻已經將怡君踢到兩次瘀青了。第一次是怡君在玩盪鞦韆時，因為鞋子掉了，她一手抓住鞦韆，另一手去撿鞋子。當時，銘鴻也想來玩盪鞦韆，就利用這個機會用膝蓋頂撞怡君的臀部，把她大力頂開。第二次是在打掃時間，三乙老師請怡君幫忙澆花，怡君不小心將水澆入銘鴻正在使用的垃圾桶中。等打掃完回教室放打掃用具時，銘鴻又用膝蓋撞怡君的臀部，再次造成怡君瘀青。怡君媽媽表示，第一次是認為孩子在學校和同學之間難免會打打鬧鬧，所以原諒銘鴻，沒有告訴老師。但是，卻又發生第二次，又是臀部瘀青，身為家長實在不能不管，所以才打電話請導師處理。

導師接完電話後，本想立刻告訴銘鴻剛才怡君媽媽告訴老師的事，但是考量這麼做會引起銘鴻嚴重的情緒反彈，打算等到午休時再處理，屆時同時打電話給銘鴻媽媽。導師利用第二節學生都去上科任課的時間，把銘鴻頂撞怡君臀部的經過都記錄在銘鴻的聯絡簿上，希望銘鴻爸媽可以要求銘鴻晚上打電話向怡君道歉。但是，一到下課時間，銘鴻媽媽就打電話來了，直說怡君爸爸剛剛在菜市場

說銘鴻在學校把怡君打得瘀青，有這回事嗎？當下銘鴻媽媽聽得一頭霧水，還回說從來沒聽過怡君這個名字，怎麼就說銘鴻打她，希望跟對方一起到學校找老師問清楚。

而且，怡君爸爸說銘鴻有「暴力傾向」，讓銘鴻媽媽聽了很不高興，於是兩位家長在菜市場愈吵愈大聲，不歡而散。銘鴻媽媽一直強調，銘鴻在學校也常弄得都是傷，她從來都沒有向學校要求過什麼，而且之前也沒聽說銘鴻對怡君怎麼樣。這次對方家長竟說銘鴻有「暴力傾向」，要求導師說明一下實際狀況。

導師無奈地向銘鴻媽媽表示：「銘鴻平時就會對同學動手動腳，雖然我一再提醒他不能這樣。但是，相同的狀況仍然一再發生，我在聯絡簿上也寫了好幾次，媽媽妳不能說自己並不知道銘鴻會打人的狀況。」然而，銘鴻媽媽堅持要老師確認怡君身上的傷到底有多嚴重。心想著，不過是用膝蓋頂了一下屁股，有那麼嚴重嗎？對方有必要說銘鴻有「暴力傾向」嗎？

導師只好帶著怡君和銘鴻到辦公室找輔導主任和訓導主任，但兩位主任都恰好不在。這時，銘鴻媽媽和怡君媽媽都已經陸續趕到

學校。怡君媽媽表示：「怡君第一次受傷時，她爸爸就很生氣，堅持要告訴老師，是我勸我先生，才忍下來的。但這次是第二次，我也認為不能再這樣下去，才要怡君爸爸到菜市場找銘鴻爸爸溝通一下，我同時也打電話告訴老師事發經過。沒想到銘鴻爸爸不在市場，所以我先生才跟銘鴻媽媽說。」或許因為愛女心切，怡君爸爸說話的語氣重了點，況且又是在市場，攤販彼此都熟識的情況下，銘鴻媽媽聽了很不高興，兩人意見不合、不歡而散。

之後，銘鴻媽媽立即聯繫銘鴻爸爸到學校來，希望雙方家長和孩子當面將事情說清楚。當下，怡君媽媽一直對銘鴻說：「不是教怡君不要和你玩，只是你不能對人動手動腳。」銘鴻爸爸也能理解怡君爸爸的心情，最終，雙方心平氣和地離開學校。

後來，導師教怡君說：「一旦被人欺負時，一定要報告老師，不用擔心，老師會保護你。」也告訴銘鴻說：「最近新聞一直出現校園霸凌的事件，銘鴻你平時的動作和談吐，都會讓同學有被欺負的感覺，但是同學一直很包容你，很少跟你計較。老師真心希望你能因為這次的事件，深切反省，下定決心改變自己的行為，成為一

個讓爸媽覺得光榮的孩子。」不過，先前子儀媽媽已經表示不希望子儀跟銘鴻一起玩了，難保接下來不會出現第三個對銘鴻的行為有意見的家長。

導師在當晚 8 點左右，特地打電話再和怡君爸爸溝通，怡君爸爸反問：「銘鴻平時就一直打其他人嗎？別人的小孩是不是一直被欺負？所以我才說銘鴻是不是有『暴力傾向』，雖然語氣確實比較不妥。」

導師表示能理解怡君爸爸的心情，但也希望家長在得知孩子在學校發生狀況時，能第一時間告訴老師，由老師來處理，避免家長因情緒影響事情的處理。

怡君爸爸同意了。不過，他仍表示，如果銘鴻再打怡君，他不會再放任銘鴻。導師連忙表示，學校會更留意孩子間的相處情況，避免打鬧的事情再發生，請他不用太擔心。

接著，導師再打電話給銘鴻媽媽。銘鴻媽媽再度表示老師記錄平時銘鴻打同學的事，但被欺負的同學中並沒有叫「怡君」的。怡君爸爸卻說怡君被打了好幾次，若有這麼多次，老師怎麼從沒說

過，而且覺得對方語氣不和善，因此才回說沒聽過怡君的名字。銘鴻媽媽還認為這件事，銘鴻雖然有錯，但怡君也回踢銘鴻一腳，怎麼連老師都說銘鴻錯，她無法接受。因此，老師原本希望銘鴻能主動打電話向怡君道歉，媽媽認為沒有必要，叫銘鴻在學校跟怡君道歉就好。

此時，導師用被激起的正義感表示：「銘鴻因為水澆到垃圾桶這種小事就踢人，難道不嚴重嗎？一個人被欺負時，難道不應該自保、回擊嗎？雖然老師平時也教孩子多包容，但對於太過分的行為，又如何要孩子忍下來？」

銘鴻媽媽卻回說：「銘鴻的哥哥銘駿在學校也常被推受傷，我都認為這只是小事沒關係。那銘鴻做的事，怎麼就是錯的呢？」

導師耐著性子說：「對學生我一視同仁。如果銘鴻被欺負，我也一樣會主動聯繫對方家長，請他們配合處理，今天並不是因為是『銘鴻』，老師才這樣，每個孩子老師都要保護。」

媽媽才說：「之前一直很感謝老師對銘鴻的用心，之前老師要求我跟子儀媽媽道歉，我也照做了。但是，這次實在覺得對方家長

態度很不好，我不能接受。不過銘鴻畢竟有錯，回家後我會處罰他。」

導師一再強調並拜託媽媽，絕對不能用打的來處理，只要將自己遇到這件事的心情明白地告訴銘鴻，讓他知道媽媽為他的付出，以及心中的憤怒與難過，就可以了。但是，銘鴻媽媽仍然堅持犯錯還是要被打，在導師不斷請求她後，最後才勉強答應。不過，隔天一早銘鴻到校，就跟老師說他又被打了。

🌸 動作大，講不聽

除了愛踢同學之外，銘鴻與同學互動時，動作也很大，總是又拉、又壓、又勒的，造成同學不想跟他玩。銘鴻通常一開始和同學一起玩時，很正常，後來就會因為動作太粗魯而跟同學起衝突，部分同學就會說不跟他玩。可是，銘鴻還是會堅持要跟同學玩，就仍然用手大力地勒住同學的脖子，造成同學反感。於是，最後兩人就會動起手，吵了起來，被欺負的同學就會去找老師報告。老師奈何

不了銘鴻時，就會將他轉給輔導老師。可是，一下課銘鴻就又跑出去玩了，壓根忘了要去找輔導老師這件事，於是這件事最後就不了了之了。

中午午餐後的休息時間，銘鴻踢明峰的肚子，又勒住他的脖子，明峰都沒回手，現場有三個以上的同學看到，可是銘鴻辯稱是明峰先踢他的。之前有一次下課時，銘鴻就拉子儀的手臂、把子儀壓在木椅上、勒住子儀脖子，讓子儀很痛苦，像是在摔角擂臺上一樣。導師告訴銘鴻，同樣的錯誤若一直再犯，只會讓同學更不喜歡他，一定要改。導師想處罰他下課不能出去，可是還沒等老師說下課，他早就不知道跑到哪裡去了。以上這些狀況是每天重複發生，導師真是不勝其擾。

又有一天，第一節下課銘鴻去上廁所時，不明就裡地一直敲同學的廁所門。導師知道後，處罰銘鴻寫考卷。銘鴻一回座位就推開桌子、發脾氣。導師把桌子拉走，不讓他再推，5分鐘後再拉回給銘鴻，並告訴銘鴻，他有兩個選擇，要不乖乖寫考卷，不然就是直接在考卷上寫：「發脾氣，不寫考卷。」銘鴻聽了便心不甘情不願

的，一邊搖桌子製造聲響，一邊寫考卷。導師只好做勢要求副班長去通知總務處的老師，說是：「三甲有人破壞公物，請老師來處理。」銘鴻聽了才不再搖桌子，並完成考卷。

當天午休過後的下課時間，銘鴻在孔子銅像附近，從子儀後面把子儀的兩隻手臂往後拉，然後突然放掉，害子儀的背部被花圃的磚頭刮傷，傷痕長達 11 公分。

某天晚上，銘鴻媽媽打電話來詢問銘鴻該週的表現，導師只好告知媽媽，學校聘任的專業諮商心理師需要和媽媽約個時間談一談，媽媽表示只要是早上時間都可以，可以配合諮商心理師。

🌸 不甩科任老師

體育老師表示，在上體育課時做墊上遊戲，銘鴻卻把墊子掀起來，體育老師要他坐下，不准他再玩，銘鴻就發脾氣，不肯服從，還和體育老師拉扯。下課後，就馬上離開活動中心，不理體育老師。

　　上自然課時，銘鴻踢同學，還把同學的椅子拉開，做出很危險的動作。自然老師將銘鴻和同學隔開，銘鴻就開始製造噪音，自然老師只好把全班帶出戶外上課，銘鴻卻不肯一起下來。自然老師擔心他一個人在教室會出事，再回教室找他，拿實驗器材要他做，他卻把東西丟在地上，自然老師只好拉著他下樓，但銘鴻就是不肯動。隔壁班的賴老師出來了解狀況，幫自然老師將銘鴻拉到籃球場，銘鴻卻踢賴老師，然後坐在地上不肯起來。

　　自然老師叫學生回教室去通知導師來，導師到現場，發現已有三位老師圍著銘鴻，便對銘鴻說：「是回教室上課，還是繼續坐在這裡？」他說：「回教室。」但當導師要求他跟賴老師道歉，他又開始擺出不甘願的表情，怎麼樣都不肯說。導師只好打電話請家長來處理，不過家長在南部，無法立即趕回來。導師再跟銘鴻說：「是回教室上課，還是報警，告你傷害。」他說：「回教室。」導師要求他下課再去向賴老師道歉，下課時自然老師也提醒他一次，這時，他才願意去道歉。

　　隔沒幾天，又是上自然課，銘鴻畫彥霆的鉛筆盒，被自然老師

糾正，銘鴻就一直踢彥霆的椅子，彥霆差點跌倒。老師給他三個選擇，他都不肯做，老師說第四種就是回教室找導師，他選第四種。自然老師只好請他回三甲教室找導師，導師在門口等了老半天等不到人，去找才發現銘鴻在樓梯口閒晃，看到導師才走過去。導師知道銘鴻在發脾氣中，不想這時和他溝通，只是讓銘鴻安靜站著，直到下課，銘鴻就心情平復，又跑出去玩了，第二節也上課正常。可是到了第三節上課，自然老師請他過去談話，銘鴻對自然老師所說的話都不理不睬，所以自然老師將他送到輔導室，輔導主任也無法和他溝通，只好通知銘鴻媽媽到校。

第四節上完英文課要放學時，英文老師到操場要求導師協助處理銘鴻的事。因為銘鴻在e化教室的椅子上跳來跳去、敲桌子，英文老師要求他在黑板前反省，他卻又跟同學玩。英文老師只好要他面向黑板，並要他下課留下來，他就開始踢電子白板、摔板擦。英文老師對他好言相勸，可是他仍無動於衷。導師擔心這樣一來會耽誤安親班接送時間，安親班的人員沒接到人就走了，導師一直聯繫警衛室，但警衛室一直沒人接。最後只好又通知銘鴻媽媽到校來

接，英文老師再將情形說一次給家長聽，並教導銘鴻如何適當的發洩自己的脾氣，最後由家長接回銘鴻。

🌸 家長也受不了

　　當晚8點多，銘鴻媽媽打電話聯繫導師，希望隔天能幫他請事假。銘鴻媽媽表示銘鴻在校一直出狀況，想用不讓他上學來處罰他。導師說：「這種方法對銘鴻而言，有用嗎？好嗎？大人不能因為是大人，就毫不考慮的任意動用任何處罰，要處罰也要找有用的。」銘鴻媽媽一直強調：「用軟的方式勸，他還是一再犯錯，只好打了。」銘鴻父母打銘鴻時，總是打得很嚴重，還曾經把他關在一個小空間裡一個晚上。

　　導師一再請家長不要用處罰的方式，否則愈處罰，銘鴻的反彈會愈大。他會以為都是老師告狀，害他被打得那麼慘，此無益於師生關係的建立。而且，以老師的立場，知道家長這樣處罰，老師應該要報家暴才對，銘鴻媽媽卻賭氣地說：「報也好，讓社福單位把

他帶走也好。」導師理性地繼續跟銘鴻媽媽溝通:「目前銘鴻的狀況是太衝動、活動量大、無法等待,我們應該找方法來教他,例如:如何表達情緒、發洩情緒,做完自己的事時,可以做哪些不會干擾別人的事,這才是重點。」

但是,銘鴻媽媽一直強調跟銘鴻說那麼多次都沒有效,只能靠打的。她自己也表示實在無法接受自己的孩子這樣,雖然想帶銘鴻看醫生,但有時他又表現正常,所以一直猶豫不決。導師再次強調:「如果請假去看醫生是可以的,但請假如果是為了處罰,則沒有必要。請家長考慮清楚。」

🌸 不知道該如何處罰他

隔天第二節下課,三乙的學生來報告銘鴻打了黃文政。導師考量銘鴻剛上完課,才剛回到教室,又要趕著去上電腦課,因此告訴銘鴻:「下了課,自己馬上回來,或者老師親自去找你?」銘鴻回答:「自己回來。」可是,到了第三節下課,銘鴻並沒有直接回教

室，等到第四節要上課時才回來。導師對銘鴻說：「你並沒有守信用。」接下來的上課時間，銘鴻一直自言自語干擾上課，導師卻故意忽略他，也請同學不要被他影響。

又有一回，導師到視聽教室開晨會，請全班同學自己複習數習和數作，老師離開後，銘鴻先複習數學，然後跑出教室外，在教室後面的木椅上單腳跳來跳去，還在三乙門口看，銘駿就出來罵銘鴻，銘鴻於是跑去廁所。之後，風紀股長和逸安叫銘鴻回來，銘鴻過了一會兒才回來，卻看見三個同學在講話，銘鴻想把他們的號碼記在黑板上（導師並沒有叫他管，因為這是風紀股長的事），因此引起其他同學的抗議，結果大夥就吵了起來。此時導師正好回來，見狀後就請銘鴻下課留下來問清楚狀況，並問銘鴻，自己做的事哪些是錯的？哪些是對的？銘鴻表示，「在外面單腳跳來跳去」、「在三乙門口看」以及「老師沒有請我登記，自己登記別人的號碼」，是錯的。這表示銘鴻知道是非對錯，導師向銘鴻表示，願意在以後去開會時，讓他負責管全班的秩序，但銘鴻必須先做到管好自己，不能在管同學時，自己也在一邊玩，希望銘鴻珍惜老師的信

任，不要辜負她的期待。

　　平時，銘鴻吃飯吃很快，雖然他常被登記，卻可以一溜煙就跑出去玩，該抬餐時都不做。午休回來時，導師問他：「為什麼沒抬餐？」銘鴻還頂嘴說：「為什麼是我？」這種情況已經好幾次了。其他同學都是默默完成，對其他人而言，實在不公平。某天，導師特別觀察他的用餐情形，只見他一吃完飯，沒刷牙就準備衝出去（班上規定吃完飯要刷牙，他卻連牙刷、牙膏都沒有），難怪同學之前就說銘鴻「吃飯吃很快」。此時，銘鴻被導師特意叫回，要求他負責將所有的餐桶抬回廁所前空地，他又頂嘴說：「為什麼是我？」導師說：「其他被登記的同學，都自動把午餐抬進教室，只有你沒做，這就是理由。」銘鴻回說：「我才不抬！」導師拉著他的手，走向校長室和輔導室，問他：「要進哪一間？或者回去抬餐？」銘鴻才心不甘情不願的說：「抬餐。」最後，總算接受處罰，抬走餐桶。

　　另外，導師會以剝奪銘鴻下課時間的方式作為他犯錯時的處罰，但因為銘鴻非常看重下課時間，一旦下課時間被剝奪，必定會

翻臉不認人，所以請家長做導師的後盾，當銘鴻因不能下課而發脾氣時，導師會打電話給家長，希望家長能立即到學校。因為只有家長在，銘鴻才會克制自己的情緒，也才能真的進行處罰，讓銘鴻真的體會到自己行為所造成的後果。導師表示打電話通知家長，只是知會家長學校的處理過程，並不希望家長因此回到家又再次處罰銘鴻，請家長和銘鴻溝通改進的方法即可。

✿ 百廢待舉

銘鴻的導師基本上是位脾氣相當好的老師，當銘鴻犯錯時，導師總是苦口婆心、諄諄教誨，然後再罰銘鴻不能下課，順便通知家長到校協助。事實上，這樣的班級經營方式對過動症學生而言，效果相當有限。導師幾乎只能被動地等待銘鴻犯錯，再來做事後處理，班級經營的節奏因而一直被銘鴻牽制著，施展不出效果。也因此，本書就是為了協助類似銘鴻導師的老師而寫的，教育ADHD兒童有一定的方法及手段，不希望教學現場的老師如此無助。本書的

精神集中在「正向行為支持」取向的策略，讀者們可由本書其他的個案分享，體會實質的處遇技巧。為了直接讓老師有方向遵循，下一章隨即安插「教室內的行為管理策略」，內容都是老師可以主動出擊的策略。細膩的實施方式則散見於其他章節，再請老師們細細咀嚼。

教室內的行為管理策略

　　針對ADHD兒童與成人的教室行為管理，ADHD專家Barkley
（2004）早年就已經整理出以下幾項策略，供教師參考。

　　1.減低工作負擔，以符合兒童的注意力，包括：指派負荷量較
小的作業；使用頻繁但較短的工作時段從事作業；隨兒童的作業成
功而逐漸增加作業要求；不要將未完成的學校作業當作回家作業；
去除高吸引力的干擾物。

　　2.改變教學方式及課程，包括：允許教室內的一些不安定行
為；設計能活動、誇張、可應答的教學活動；採用參與性的教學活
動；基於練習及教學立場多使用電腦；保持彈性，在課業上開創獨
特的教學方法；不強調速度；獎勵「大聲想」的思考方式；將兒童
座位靠近老師的教學區域；將兒童低、高興趣的作業參雜在一起；
使用偶發的、短暫的肢體活動作為中場休息；將困難的課程安排在

早上;採用直接教學法。

　　3.明訂外在規範,包括:使用信號警示規則;在作業時,使用海報或布告欄明列規則;將寫有規則的卡片放在桌上,指示如何作業;在進行新的活動前,要求兒童口述規則;工作前要求兒童對他人朗誦規則;工作時要求兒童使用自我引導;利用錄音器材播放提示句,監控工作進度,促使工作進行;工作期間給予兒童下個目標(總目標之前的小目標)。

　　4.增加獎勵及處罰的頻率,包括:使用代幣制度;使用注意力訓練法;使用預先錄好的錄音,以自我增強;一天給予好幾次的獎勵。

　　5.加強結果的立即性——做!不要多說廢話,包括:對錯誤行為避免冗長的說理。

　　6.增加獎勵的規模／強度,包括:使用代幣制度,最有效果;要求家長給予偏好的玩具或遊戲;貢獻掌上型電玩到班上;採用家庭獎勵方案(如利用日常在校行為報告卡);假如兒童達到標準,可嘗試團體獎勵。

7.設定時間限制，要求完成工作，包括：使用計時器（當作外在時間參考）；使用錄音器材錄音，提醒時間已逐漸消逝。

8.發展階層式的教室處罰方式，包括：頭趴在桌上；反應代價（剝奪部分學生的既得利益）；帶到角落隔離；帶到學校辦公室隔離；終止偏差行為，帶到學校辦公室。

9.其他，假如所有策略都失敗，則可以考慮以下方式，包括：和家長晤談，考慮特殊教育；家庭和學校的處遇方式需相同；每天記錄在校行為（在卡片／評量表格上）；每天寫家庭─學校日記，並逐漸地更改為一個星期寫一次。

10.改善青少年在校表現的小訣竅，包括：使用家庭聯絡簿每天記錄查核在家／在校行為；如果學生做出非關作業的行為或中斷作業行為時，可使用課堂上的提示系統加以提醒；每天安排一位個案管理員或組織訓練員（教助員）；使用每天／星期的在校行為卡，配合家庭／學校的記點系統；提供另一份書本（備用書本）在家使用；如果有需要，可提供額外的學校／家庭教師（教助員／家教）。

Pfiffner、Barkley與DuPaul（2005）也整理出以下幾個一般性ADHD兒童在教室內的行為管理原則，這些原則同樣也可應用於父母訓練的課程內，以管理ADHD兒童的在家行為。但是，Pfiffner等人所列出的內容與Barkley（2004）所建議者大半重疊。

1.提供給ADHD兒童的規則及指令必須清楚、簡潔，且經常透過較視覺且較外化的方式來表達。也就是要直接說清楚且要求孩子大聲複誦出指令，並要求孩子在遵循指令的過程中，小聲地告訴自己指令內容，且呈現規則或規則提示卡（例如：採用「停的交通標誌、大眼睛、大耳朵聽見」分別表示「停、看、聽」），若只是讓孩子回憶規則或單純的口頭提醒，則常會效果不佳。

2.管理ADHD兒童時所用的回饋，在給予時必須比對待一般兒童更為立即與即時。「立即、非嚴厲、公平」是有效處罰的核心原則。

3.管理ADHD兒童時所用的回饋，不只要有立即性，更要「頻繁地」使用，以便建立ADHD兒童的行為規範。

4.管理ADHD兒童時所用的回饋，必須比一般兒童來得量多或

意義重大，若只是偶爾的讚美或譴責，對於ADHD兒童的行為處理效力不夠。

5.處罰制度實施前，必須先提供一個適當及充滿豐富誘因的情境或作業，可增強其適當行為。也就是說，「正向回饋需在負向之前」是管理ADHD兒童的順序原則。

6.增強物或特定的回饋必須經常更換，因為ADHD兒童比起正常孩子，對獎懲結果會更快速地習慣化或有飽足作用。也就是說，回饋必須週期性的改變（每二到三週），以維持行為處理策略之效能。

7.「預期」對ADHD兒童是個關鍵，這是指老師必須多用心且預先計畫如何管理ADHD兒童，特別是在活動或課程轉換期間，需確保其覺察到規則轉換將要發生。可要求ADHD兒童口頭報告即將到來的情境有哪些規則要遵守及獎懲制度為何。「大聲想、事前想」，此時對教育者是重要的提示語。單只靠著認知上的自我要求，並無法造成持久的效果。

8.必須向ADHD兒童公開地說明，他們必須對自己的哪些行為

負責,要達到哪些目標。

9.行為管理只有當它們被真正實施時才可能成功,即使如此,也必須持續監控及加以修改,才能達到最大的效能。

過去十年,使用單一個案設計的研究指出,透過課程調整、教室內的行為管理、或用同儕當助教來改善學業表現,可產生一定程度(中度或低度)的效果(DuPaul & Eckert, 1997; DuPaul & Stoner, 2003)。因此在教室內,行為和學業介入可以有效改善ADHD兒童的問題行為和學業表現,但可能無法達到完全正常化的程度(Barkley, 2004)。

陳鈺弦、李宏鎰(2011)統整專家的建議,針對不同ADHD兒童的問題行為所需採取的核心策略如下:(1)注意力不足問題:減低工作負擔;(2)過動行為:適時滿足「動」的需求;(3)衝動行為:以「大聲想」規則來自我引導;(4)大部分的問題行為:代幣制皆適用,但實施方式需精緻化。

拿二百元獨自過日子的逸祥

逸祥在小學二年級時，被醫師鑑定主要表現為過動─衝動的 ADHD（predominantly hyperactive/impulsive presentation）註1，同時也是資源班的學生。升三年級時，因為逸祥咬老師，學校要求他轉學。

三年級的一年，他在新學校發生過的重大事件如下：假日到學校玩，脫下一位別班不認識同學的褲子，揚言要拍裸照；假日到學校玩，偷走別人的腳踏車；假日到同學家，同學不讓他進入家裡，他便拿棍子敲打門窗，恐嚇同學。

以上只是他假日的行為，但最令導師頭痛的是平時的在校行為。逸祥打同學的次數多到難以計算，例如：上體育課時，會故意拿球近距離丟同學；同學糾正他，逸祥就會用三字經怒罵回去，導師來處理時，還說謊話來掩飾自己的過錯。後來，當導師寫聯絡簿

希望家長可以配合，加以管教，但父親並不積極照顧孩子，甚至對逸祥在學校發生的事漠不關心。四年級開學一個多月，衣服經常發出臭味，懷疑應該是沒更換衣物使然，且逸祥也常沒帶餐具來學校。

逸祥單獨與爸爸同住，逸祥爸爸因為送貨經常很晚才回家，甚至不回家。因此，逸祥爸爸每天給他二百元，讓他自行在外吃飯。逸祥每天放學後到傍晚6、7點都還在學校打球，7點才會回家，回家就獨自看電視。假日時，爸爸也不會與逸祥互動，總是在家休息看電視或看手機，常讓逸祥獨自騎腳踏車到處遊蕩。因此，逸祥經常到附近的運動公園，與一些高年級或國中生等大哥哥在一起，卻從中學會講髒話及不好的行為。

此外，逸祥完全不尊重課托老師，接連三天欺壓她。因此，特教組長的紀錄上寫著：5月10日逸祥在課托班鬧事，不明就裡地踢桌子，把同學的書包扔在地上，再自個兒躲在課桌椅下，不寫功課，長達2小時，讓課托老師無法看其他同學的功課。期間還無故怒罵課托老師「幹你娘」多次，課托老師詢問他為什麼要罵老師，

逸祥便推託說是同學碰到他，他罵的是同學，不是老師。但是，課托老師明確感受到逸祥是對著她罵的。5 月 11 日，課托老師看見逸祥手上拿著一顆足球，問他之前向老師借的那顆籃球呢？為什麼還沒還？逸祥回說，上星期六就把球丟給不認識的同學，被他拿去了。5 月 12 日，課托老師又告知輔導室逸祥在課托班鬧事，甚至罵課托老師「賤貨」。除了經常與人發生爭執之外，逸祥也經常發出怪聲干擾他人上課。

　　輔導室的老師們覺得逸祥歧視女老師，會找女老師麻煩，可能是逸祥父母離異，從小缺乏母親照顧使然，而對課托女老師產生不諒解的移情所致。導師則是表示逸祥非常聰明，所以遇到比較溫和的老師，便會對老師大吼大叫，甚至藉機欺負同學；但遇到凶一點的老師時，則會比較守規矩。所以，到底為什麼逸祥要欺壓課托女老師？

　　目前，逸祥與其他三位情緒障礙學生每週三到資源班上一節社交技巧課程，而沒有上一般學科的補救教學。個管老師表示，在社交技巧課程的四位學生裡，逸祥最合作且最守秩序。當逸祥與其他

三位學生互動時，常會提醒他們要守秩序，但就是髒話不斷。

個管老師表示，有一回資源班舉行期末活動，老師帶學生製作鬆餅，氣氛很是歡樂。可是逸祥較晚到，一進入教室，就表示他不喜歡這種氣氛，便獨自拉了椅子坐在一旁，隨後不斷說一些讓大家倒胃口的話，例如：取笑大家在做大便等。當製作鬆餅的活動快結束時，逸祥才從椅子上跳起，很認真地說要做鬆餅送給輔導室的專輔老師及班導師。此時材料已經不太夠了，逸祥有點焦慮但仍然堅持要親手做給兩位老師吃，最後還是做出兩個可愛但不太成型的鬆餅，歡喜地端去班上和輔導室送老師。

❀ 【四年級下學期】

從四年級下學期起，校方開始積極介入，除了資源班的課程安排之外，同時幫逸祥申請外聘心理師介入。

由於第一次諮商以建立關係為主，係以逸祥為中心。所以，心理師讓逸祥充分表達及澄清自己的「偏差行為」，不予任何批評，

甚至對他的理由給予支持，讓他感受到安全感。首先，逸祥表示同學都排擠他，尤其是班上的女同學。逸祥說：「她們改到我的作業，就說『哎呀！這是逸祥的作業，我不敢碰』、『這是逸祥走過的路，我不敢走』，在走廊上遇見我，就說『真倒楣』。」

他接著說：「班上女同學明顯有差別待遇，如果是看到班上一位長得帥的同學走過來，就說『我的○○○來了』。還有，班上大都是由女生當組長，分組時，都沒人選我同一組。我也不喜歡體育老師，因為他偏心，對女生較好，對男生都比較嚴格。」可見，逸祥對班上的女同學充滿不平之聲。

經過心理師的同理之後，逸祥馬上表示下課後要帶心理師去班上，讓心理師看看班上女同學是如何排擠他的。心理師只好跟著他到班上去，一到了班上，逸祥見到一個女同學迎面而來，就急忙地說：「就是她，她看到我就會閃過，裝成很害怕的樣子。」可是，當時那位女同學手拿著盒子很淡定地走過來，並沒有閃躲，反而對著逸祥說：「昆蟲死掉了，要倒掉。」且沒有表現出任何對逸祥的嫌惡之意。逸祥只好回：「喔！」然後，就舉手指向教室的某些女

生說：「這個也是，那個也是。」

　　心理師問逸祥是否在校都沒有朋友？逸祥表示，自己在別班有朋友，且有別班的女生喜歡他。在一陣的「嚴刑逼供」之後，逸祥表示自己其實希望大家可以喜歡他，只是他經常會用動手打人的方式來表達。

　　隔週，導師向輔導室反應，逸祥與心理師晤談完之後，回到班上就在課堂上對女同學比手勢，或是斜眼瞪女同學，一副仗著有心理師撐腰的樣子，跟同學的衝突反而愈大，有責怪心理師之意。導師表示，當天他只好利用全班上體育課的時間，將逸祥留在教室，單獨跟逸祥分析：如果他持續這樣下去（不斷表現挑釁同學的情況），對他的人際關係非常不好。也警告他說：「同學對你的不友善是因為你平常欺負同學的關係，才會造成同學不願跟你做朋友。你如果持續這樣下去，將會請家長來學校談談是否該讓你轉學。」在此，我希望學校老師可以理解，心理諮商過程的第一步是與個案建立關係，會同理個案、支持個案的行為背後一定有其原因，而不會予以任何理性批判，否則個案之後都不會向心理師吐露心聲。

❀ 我要公平，請理解我

　　之後的諮商過程，由於逸祥已經信賴心理師了，心理師便開始與逸祥討論這幾週的偏差行為。針對逸祥罵課托老師髒話的部分，逸祥表示，之所以會罵課托老師，是因為他在自修時拿球來玩，被老師沒收。但是他不服氣，因為幾分鐘前明明看到別的同學在玩別的東西就可以，並沒有被沒收，為什麼他就不可以？心理師跟逸祥討論，強調：「老師說不可以就是不可以，不會因為別的同學做了犯規的事，那件事就變成可以了。」逸祥沒有反駁，點頭同意。然後，心理師再問逸祥：「還有沒有覺得老師不公平的地方？」

　　逸祥認為導師有時也不公平。導師之前沒收他的零食，令他不服，因為導師曾說過：「如果有帶零食來，只要沒有拿出來，沒有被發現，就不用被沒收。」他雖然有拿零食來學校，可是沒拿出來，是老師搜他的書包才發現的。為什麼要針對他？女生就可以吃東西，他有看過她們嘴巴在動，就沒關係，不公平。所以，他不服

氣，希望老師可以還給他。

「導師還說，如果有三個人看到你沒有繫衣服，就要被罰。但是，只有一個人看到我沒繫衣服，我就要被罰。為什麼？」逸祥覺得導師一直在針對他，不公平。他還特別強調：「之前班上有個同學叫人豪，就是受不了這樣的對待，所以轉學走了。」心理師跟逸祥開玩笑說：「那你也可以轉學啊！」他不好意思地說：「我才剛轉來……。」

逸祥表示，最近幾週都沒有下課，都在罰寫、訂正或抄課文，只有 20 分鐘做操時間有下課。最近常被導師唸，覺得很煩，希望可以不用來上課。有時導師要求他，也不想聽了。經側面了解，導師表示逸祥一下課就會去捉弄別的同學，所以不讓他下課。逸祥還表示心情悶的時候，就會想大叫。

以上種種都表示，逸祥早上在班上被過度壓抑，到了下午的課托時間，就將情緒全部爆發出來，於是課托的女老師就成了出氣筒。此並非逸祥仇視女老師而欺壓女老師，是因為課托的女老師為人和善，不會嚴厲處罰逸祥，所以逸祥才敢對她大小聲，宣洩情緒。

　　於是，心理師跟逸祥討論當情緒來時，可以有哪些情緒宣洩的方式，如圖2所示。逸祥表示可以接受圖上的跑步、大聲叫、找專輔老師談談、拿紙亂畫等來發洩情緒。於是，心理師建議校方任何

圖2　心情不好時，你可以怎麼做？
（林明靜繪製）

一位教到逸祥的老師，都可以利用以上的方式來調節逸祥的情緒，例如：要求逸祥下課時間先去操場跑個兩圈再去玩；上課時間因故情緒化，可以請他去找專輔老師談一談。心理師則是告訴逸祥，如果心情實在很糟，下課時間可以去校園內沒人的地方（如垃圾場），大叫一場。所以，需要班導師配合，允許逸祥有下課時間，可以去發洩一下情緒。請記得千萬要讓過動症學生下課啊！

此外，逸祥喜歡國語及體育，尤其非常喜歡踢足球，希望能考進體育班，若在高年級時成為體育班的學生，以後可以成為足球選手。校方如何利用逸祥的此項正向動機及興趣，值得思考。

最後，如何讓逸祥覺得導師的處罰方式「很公平」，也值得思考。班有ADHD學生的導師很辛苦，因為他的管教焦點都會在那位ADHD學生身上，深怕他又會做出什麼怪異荒誕的行為，所以能提早防範最好。也因此，造成對該生嚴格了一些、「不公平」了一些，而ADHD學生通常又愛面子、愛計較，就會因此討厭老師，進而不服老師管教。

❀ 入班輔導，同儕支持

心理師建議校方的專輔老師可以入班輔導，否則逸祥與同儕之間會衝突不斷。然而，要特別注意入班輔導時，逸祥需不在場。如此，他才不會成為箭靶，可能會因羞愧而對同學發怒。

此外，針對ADHD學生的入班輔導內容，可以包括：友善互動、尊重個別差異，以及大腦成因等三個部分。「友善互動」部分，可以教導學生如何對ADHD同學的行為，包括：分心、好動、衝動、認知功能缺陷的問題，做出不同反應，例如：用溫和的口語引導或善意的提醒。「尊重個別差異」部分，包括兩種概念：一是尊重每個人的獨特性，另一是使用同理心為人設想，例如：可舉班上其他學生的特質為例，闡明每個人都有不同優、缺點，讓學生更能感同身受，進而產生降低歧視和汙名的效果。同時，以正向訊息描述ADHD學生的優點，例如：熱心、有活力、有創意等，來逆轉同儕對ADHD學生的負向觀點。最後，針對「大腦成因」部分，可

播放ADHD的腦科學影片，如「腦海奇航」（可向台灣赤子心過動症協會索取，或是於YouTube觀看），讓同儕了解ADHD的成因主要是前額葉功能不彰所致，藉此提升同儕的生理認知，以改善同儕對ADHD學生的行為歸因。

在專輔老師入班輔導之後，導師還需持續調節班上同學的團體動力，如何讓班上同學諒解逸祥，減少對他的誤解，也有助於減少逸祥與同學之間的敵意，這才是長久之計，例如：支持專輔老師的入班輔導內容，要求班上同學聽從專輔老師的建議，發揮大愛，包容逸祥的小偏差行為；而針對逸祥的大偏差行為，則交由班規來處理，不需跟逸祥做無謂的爭辯。老師可同時利用逸祥喜歡國語及足球的興趣，讓他有發揮長才的機會，以獲得同學的讚賞。

🌸 藥物協助

雖然逸祥在小學二年級就被醫師鑑定為ADHD，可是他的服藥情況並不穩定，導師總是無法確定逸祥當天是否有服藥，甚至不知

道他是否仍有藥。於是，專輔老師擬了份同意書，並取得家長的簽
名同意，得以陪同逸祥到診所拿藥，且讓他在校服藥。於是，過去
幾天以來，逸祥在早上都有按時服藥。

　　導師要求逸祥早上吃藥的方式是必須找到一個同學看著他吃
藥，可是有時同學不肯幫忙，讓逸祥感到很沮喪。這種吃藥方式會
讓逸祥自我概念不佳，希望升上五年級之後，不要再用這種方式令學
生感到自卑。逸祥說他排斥吃藥，因為他都覺得自己是在「嗑藥」。

🌸 體育班的訓練

　　幾週下來，導師反應逸祥並沒有重大違規事件發生。逸祥本人
則向心理師表示，自從上次跟心理師晤談後的第二週起，他每天都
會去參加體育班的訓練，星期三及星期四的課托方式也有改變，也
就是會先去參加訓練再回課托寫功課。所以，跟課托老師的衝突也
沒有了。

　　原來，在服藥的同時，專輔老師考量逸祥是ADHD又非常嚮往

讀體育班，建議安排逸祥於課後參加體育班的課外運動訓練，除發洩體力之外，也可學習自我控制的能力。所以，目前逸祥在班上與同學的衝突逐漸減少，當然也因此較沒有機會罵課托老師了。尤其是在星期三、星期四其中一個下午，教練都會親自帶他到鄰近國小訓練，還會請他吃晚餐，逸祥非常開心。

🌸 心理重建，走出迷途

在最後一次心理諮商中，逸祥表示知道自己之前對課托老師的言行是不對的。心理師建議他，如果有遇到課托老師時，要向她說對不起。逸祥表示，自己前陣子有去找她，但是自己不好意思，不敢說。心理師鼓勵他別害羞，說出來老師會高興些。心理師也刻意要逸祥對著牆壁練習說了兩次：「對不起，之前對您不禮貌。」

逸祥覺得學校老師對他很好，他不希望轉學離開這個學校。他也知道，在運動公園遇到的大哥哥是比較不好的學生。其實，假日時他很少去那找他們玩，大部分的時候是跟班上的幾個男生玩。逸祥也知

道，父親是個較不負責的人，會賭博、借別人的錢不還、抽菸喝酒，他知道長大後不要像父親一樣。目前，逸祥媽媽帶著妹妹住在塗城，他並沒有想去跟她們同住，他覺得自己一個人就可以生活了。

後來，逸祥主動問心理師什麼是過動症，於是心理師介紹了一些他所表現出來的過動症症狀，例如：過動症者愛說一些低級笑話，惹老師生氣，讓同學哈哈大笑；經常掉東西；經常隨手打東西、敲東西等。逸祥表示，三年級時才會這樣，現在不會了或很少了。逸祥也承認自己偶爾會掉東西，最近掉的是鑰匙，不過是一位學姊把它拿來拿去才弄丟的。逸祥也承認自己會有衝動的行為、會拿球朝人丟、拿東西亂打等，但只是為了好玩，沒有特別意義。與其他大部分的過動症學生不同的是，四年級的逸祥不會討厭寫國字，卻不喜歡數學，覺得很難。藉這個機會，心理師告訴逸祥，很多過動症的孩子都會愈長大愈好，而且也有不少人當醫師或教授，希望他長大以後也變成有用的人，不要交到壞朋友。逸祥表示他會的，並答應心理師，長大不會變壞，還要成為運動選手。

🌸 正向行為支持

由於學校所能提供的諮商時間只有 6 小時，不足以塑造個案的新行為，心理師通常只能以調整ADHD學生的自我概念及情緒調節為目標，很難有時間訓練他們學習新行為替代偏差行為。幸運的是，逸祥遇到用心的專輔老師，設法用體育活動來「替代」逸祥的偏差行為，此為「正向行為支持」的策略之一。

所謂「正向行為支持」，指的是當面對學生的偏差行為問題時，不要急著訓斥他，而是在尊重當事人的自主及考量其尊嚴下，運用行為功能評量發展出廣泛、多元的介入方案，以達到預防的、教育的目的，例如：小宇總是將衣服、玩具、書本四處亂放，媽媽要求他立即收拾，不然就處罰他；可是，小宇就覺得媽媽很煩，經常處罰他，於是有了「你想罰就罰，我想看電視」的想法。最後，媽媽奈何不了他，自己收起東西。有時，爸爸為了不讓家庭氣氛不好，也會幫小宇收拾好東西。媽媽覺得自己又是罰、又是罵，可是

都不能成功叫小宇整理好東西。

　　於是，媽媽採用了「正向行為支持」策略，它分成兩個部分：「行為功能評量」及「正向行為的介入方法」。行為功能評量用以了解孩子的偏差行為與環境之間的關係，即包括分析近因（誘發因素）及遠因（背景因素）。在小宇的例子裡，小宇的偏差行為是罵媽媽、亂丟東西，此行為背後的意義是逃避不喜歡的活動，且可以繼續看電視。而誘發小宇不服從、發脾氣等行為的近因是「媽媽叫他收拾東西」，小宇發脾氣的最終結果是爸爸或媽媽幫忙收東西，自己可以繼續看電視。可是，在爸媽的細心詢問下，發現小宇其實並不知道該如何收拾東西，即他的自我管理能力差、做事的組織能力差、安排處事的先後順序技巧較差，可能平時很少訓練所致，或是小宇這方面的能力天生較弱。所以，小宇偏差行為的遠因是「自我管理能力差」。小宇整個的行為功能評量結果，如圖 3 所示。

　　於是，可用的策略有：(1)預先協議：先和小宇約定收拾東西的時間，且在 5 分鐘前提醒他，讓他有心理準備以調整心情，且避

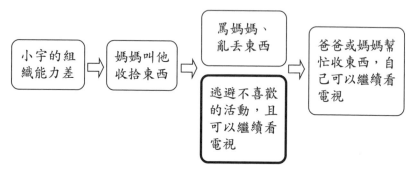

圖 3　小宇的行為功能評量結果

免在他看電視或忙自己事的時候要求他；(2)給予有效的行為後果：爸媽不可在小宇生完氣後，幫他收拾東西；(3)細分步驟：將收拾的過程分解成小目標，逐步完成，例如：先收大東西，再收小東西，藉此提高他的動機；一開始需在旁協助一起做，效果最好；(4)給予正向回饋：只要小宇有部分收拾或晚點收拾就可以獎勵他；(5)發展替代行為：例如：教導小宇用說話表達或溝通圖卡（如圖 4 所示）來表達需求，以取代發脾氣，像是「我在看電視，晚點再收」。

　　以逸祥的例子而言，逸祥在課托時間所表現出來的問題行為最

圖 4　溝通圖卡

（林明靜繪製）

多，當老師要求他做功課、守秩序時，就表現出不服從的情緒化行為，包括：踢桌子、扔同學書包、不寫功課、罵課托老師、發出怪聲干擾他人等。最後，課托老師奈何不了他，不再要求他。

　　此時，專輔老師或課托老師可採用「正向行為支持」策略，進行「行為功能評量」及擬定「正向行為的介入方法」。逸祥的行為功能評量結果，如圖 5 所示。逸祥的主要偏差行為是罵課托老師、發出干擾同學的聲音。此行為背後的意義是逸祥藉此發洩不滿的情緒及精力，且可以不寫功課。而誘發逸祥不服從、發脾氣等行為的近因是「老師叫他寫功課」，其最終結果是課托老師不再要求、可

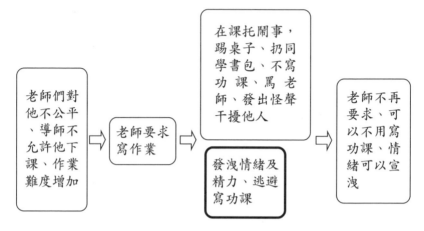

圖 5　逸祥的行為功能評量結果

以不用寫功課、情緒可以宣洩。可是，在心理師的細心詢問下，發現逸祥其實並不是歧視女老師，不服管教，或是不寫功課，而是導師及課托老師對他不公平，令他不滿。加上導師不允許逸祥下課，使得他無法發洩或調節心中的不平，於是累積到下午或傍晚的課托時間就發洩出來。所以，逸祥偏差行為的遠因是「導師及課托老師對他不公平」。

　　所以，針對逸祥罵老師等問題行為的可用策略有：(1)預先協議：先和逸祥約定寫作業的時間，且在 5 分鐘前提醒他，讓他有心

理準備以調整心情，且避免在他忙自己事的時候要求他；(2)給予有效的行為後果：課托老師不可在逸祥生完氣後，就不再要求他；此可以與導師配合，如果沒有在課托完成課托老師指定完成的作業，隔天的作業會加倍；(3)細分步驟：將家庭作業分解成小目標，逐步完成，例如：先完成抄寫的作業，再完成需他人協助的作業，藉此提高他的動機；依需求在旁協助指導；(4)給予正向回饋：只要逸祥有完成部分作業就可以獎勵他；(5)發展替代行為：同樣可以發洩情緒，例如：教導逸祥用說話表達或溝通圖卡來表達需求，以取代發脾氣的行為，像是「我不會，請教我」、「老師，不公平」。或是專輔老師用心安排逸祥去參加體育班的訓練，藉由「從事喜歡的足球訓練」，發洩不能下課的怨氣及被同學排擠的怒意。再者，逸祥對老師的不平之氣，在與心理師諮商之後，因獲得同理而釋懷。

❀ 【五年級上學期】

逸祥升上五年級開始就讀體育班，每天最後一節課，體育班都

會一起到操場團練足球到 5 點,再回家寫作業。在球隊裡,逸祥都能服從教練管教,沒什麼問題。同時有了新導師,對逸祥而言也是嶄新的開始。然而,校方反應逸祥在本學期仍然有不少偏差行為。為了確認逸祥在新班級裡的適應情形以及促進他對自己的行為有自我覺察能力,心理師請逸祥列出開學以來自己進步的地方有哪些?又有哪些是需要改善的?

逸祥覺得新的學期開始,自己「比較不會隨便亂打人」、「足球技巧進步了」、「比較不會高興過頭說太多話」,以及「人緣變好了」。「人緣變好了」這點很重要,逸祥表示,因為與過去的同班同學不在同一班上,彼此有個距離,較不會起衝突,所以跟之前班上的同學感情變好了。甚至有位之前班上的同學向逸祥表示,本來想考體育班,但是知道逸祥會去讀體育班,就沒有去考了。現在看到逸祥沒有像之前那樣令人討厭,感到很後悔,也很想讀體育班。

逸祥自覺要改善的地方,則有「仍會對同學說不好聽的話」及「常忘記事情」。逸祥會罵同學「猴死囝仔」(台語)、「吸奶嘴的屁孩」等,也會主動跟同學吵嘴。此外,逸祥表示如果別人跟他

說一件事之後，又接著講其他事，一會兒他就會忘了前面的事，因為當下的事如果講得很開心，就會忘記前面的事。其實，這是因為很多過動症孩子的工作記憶不好，即記憶的暫存區太小所致。問他可以怎麼辦？逸祥說，他會寫在黃色的便利貼上，然後貼在桌上，但並不是很有效。心理師跟他說可以試試看別的方法，一定可以找到適合自己的。心理師也跟他分享，有些小朋友是寫在手心或手背上，他眼尖地看到心理師在手背有個日期。心理師藉機向他分享，手背上比較不會因洗手而被洗掉，且時時刻刻可以看得到，以提醒自己。也有小朋友是寫在小紙條上，放在口袋裡。每個人的方法不一樣，可以選一個自己喜歡的方式。

比對自己與他人的觀點

然而，就老師的角度而言，逸祥開學一個月以來的問題行為不只上述幾項。為了提升逸祥對自己問題行為的覺察度及可行的改善方式，心理師和他一起討論這些行為，讓他比對一下老師的觀察和

他的自覺是否有不一致的地方，如果一致，會稱讚他「很了解自己，很好」；如果不一致，也可讓逸祥了解別人對他的觀點。以上都可以促進個案自我覺察的能力，例如：導師表示逸祥會用奇怪的眼神（微瞇）看班上女生，女生會向老師反應會感到不舒服。逸祥則表示那是對女生挑眉、做表情，「有一位女生被我弄哭了，因為『腦羞』」，心理師問他：「那你覺得這樣好嗎？」逸祥不語。此外，逸祥也承認班上的走道很窄，兩人同時走都會擦撞，他會因此故意去撞同學。

🌸 行為重建，社會性故事

針對逸祥的部分偏差行為，可施以執行功能訓練加以改善，「社會性故事」（social stories）是其中一個選項，即學習新行為來替代偏差行為。社會性故事又稱社交故事，指的是一些具特定模式的簡短故事，內容是客觀描述人物、技巧、事件、概念或社交處境。透過故事的陳述與閱讀，可協助學生理解社會情境中所發生的

事情，並學習如何表現出適當的「社會性行為」，即可引導逸祥做
出在某些情境下適當的反應，例如：

社會性故事：上課無聊時，該怎麼辦？

　　我是逸祥。教室是學習的地方，上課時所有同學都要聽老
師的說明，仔細看老師的示範。但是，有時候，我會覺得老師
講的內容很無聊，於是就對著右後方的女生挑眉、做表情。女
生就會報告老師說我用奇怪的眼神看她，讓她感到不舒服。無
聊的時候，我可以看看課本上的插畫，還有默讀上面的說明，
就不會干擾到同學上課。老師看到我在專心看說明，說我「很
認真，很棒」。

　　所以，專輔老師可以對逸祥進行「社會性故事」課程，讓逸祥
可以多了解他人觀感，並學習因應方式。逸祥捉弄同學的行徑似乎
需要列為主要克服的行為。

🌸 從了解自己的內在需求開始

　　逸祥上游泳課和隔壁班學生發生衝突,潑對方水。逸祥先是表示想報仇,因為那個同學之前罵他白痴、智障,他就罵回去。

> 治療師:「那罵完之後,結果怎麼了?」
>
> 逸　祥:「我就被罵了。」
>
> 治療師:「所以罵人有用嗎?」
>
> 逸　祥:「有啊!讓他生氣,就好了。」
>
> 治療師:「他是你朋友嗎?」
>
> 逸　祥:「是啊!之前。」
>
> 治療師:「你們吵架了?」
>
> 逸　祥:「他後來交新朋友,我嫉妒。所以就跟他吵架,他罵我智障,我就罵他白內障。」
>
> 治療師:「那你就會得罪愈來愈多的朋友,最後就沒有朋

友。」

逸　祥：「……。」

（逸祥似乎體會到他的朋友都是因為這樣而愈來愈少）

治療師：「如果你要跟他再成為好朋友，你會怎麼做？」

逸　祥：「就給他我的線上遊戲帳密，送他寶物。他就會很高
　　　　興了。」

治療師：「很好呀！但是你想交朋友，不能直接跟他講你心裡
　　　　的真心話嗎？」

逸　祥：「可以啊！就跟他說：『我想跟你當朋友，我們不要
　　　　再吵架了。』」

後來，逸祥承認如果他喜歡一個人，就會去捉弄他。

✿ 配合藥物治療

上星期，老師表示逸祥騙媽媽說他是班長，逸祥後來表示是為

了讓媽媽高興，才那麼說的。事實上，過動症孩子經常會誇大事情的真相，總是高興過頭，有時是臭屁，過頭便是說謊。本學期逸祥捅的最大婁子就是在游泳課時，起哄帶頭企圖要爬上廁所門，想偷看女老師換衣服。逸祥先是否認，推說是很多人在看，他只是去看熱鬧而已，而逸祥明顯說謊。但是，也因此可推知逸祥已經知道自己犯下了天大的錯誤。

逸祥的主要表現是過動與衝動，所以很容易因外在的新奇事物而引發衝動行為。一旦得知漂亮的女老師要進廁所換衣服，對小五男生而言，是多大的刺激啊！於是進而激起逸祥瞎起哄的行為。導師表示，對於逸祥的犯錯，會先跟他確認，目前他大致都會承認、反省，接受處罰，但頻率實在太高，擔心時間久了，逸祥會無法再忍受。

再者，逸祥的作業繳交也不穩定。逸祥表示是自己經常忘記帶，而且現在不喜歡國語了，因為現在的課文變得長很多。可見，升上五年級，課業內容增加很多，他的注意力不足症狀開始明顯出現。原來，這學期逸祥又不吃藥了。

　　導師在聽完學校辦理的特教研習之後，覺得逸祥應該加入藥物協助，以減少衝動犯錯的行為，否則每日犯錯不斷，會影響逸祥的自我概念，課程學習也因分心而愈來愈落後，甚為可惜。本學期逸祥已經重新到精神科診所拿藥，只是沒有天天吃，有時會忘記。

🌸 行為管理策略

　　除了「社會性故事」及「藥物治療」之外，導師也可以補強學生的行為管理，這是最古老且仍適用的改善策略，例如：每天在聯絡簿上記錄「不捉弄同學」，若表現不佳打「×」，表現好打「√」。一週有三個「√」，就可以得到獎品。再者，每週由心理師當他的教練，看聯絡簿上的紀錄，再與之討論當遇到不同的情境時，原先設定好的行為該如何被修正才能更為有效。原本逸祥設定下課時間只跟同班同學一起玩就好，不要跟隔壁班的同學有任何互動（因逸祥之前被投訴會捉弄隔壁班的同學）。然而，實施後發現他很容易與同班同學起衝突，因為彼此太熟。後來，逸祥表示下課

時間會去找體育班的高年級學長踢足球，就比較好些，自己也比較不會情緒過嗨！

　　一週後，逸祥只有一天沒有遵守聯絡簿上的三項要求（作業不缺交、不捉弄同學、依規定訂正），其他天都有遵守，表現得很好。逸祥表示服完藥之後，中午會比較沒有胃口，但是到了晚餐就會吃很多。自覺吃藥會讓他變得比較嚴肅，比較不會做錯事，所以他可以接受吃藥之後的自己。過去一週的下課時間，逸祥大都自己玩或是和同學玩，並沒有跟體育班的高年級學長一起踢足球。雖然上禮拜逸祥下課時，計畫去找高年級學長踢足球，但這一週他並沒有這樣做，即使如此，他仍然沒有天天被投訴捉弄隔壁班同學。

　　特教組長、專輔老師及導師都覺得服藥的效果很好，因為逸祥最近沒有明顯的不當行為。事實上，導師及心理師同時採用的行為管理技巧，每天在聯絡簿上列出的三項要求提醒逸祥，也起了不少作用。目前的研究都指出，「藥物治療」、「行為管理」及「心理治療」三者同時進行的治療效果最佳。

✿ 無解的作業缺交

又一週過去，在逸祥的偏差行為中，「不捉弄同學」、「依規定訂正」兩項在老師持續於聯絡簿提醒下，都有明顯改善，持續保持。但是，過去一週違反「作業不缺交」的天數卻非常多，如其中一天的社會考卷沒有寫，逸祥表示寫完國語之後就很累，不想寫社會了。還有一天的數學習作沒寫，逸祥表示數學想不出來，不會寫。可見，逸祥需要有人監督他的作業且協助指導他不會的數學。

逸祥爸爸對兒子的聯絡簿只是簽名，並沒有檢查，更不用說教導了，因此逸祥無法有效完成回家作業。逸祥每天放學練球練到 5 點，之後會跟班上另外一個同學留在學校玩，一直到 6 點才離開學校，在外面吃完飯才回家，回到家，家中沒人在，爸爸要很晚才會回家。於是逸祥回家之後，大部分的時間都在玩手機、看電視，而爸爸回家後也不會管他的功課。

導師表示，逸祥常常沒有繳交數學作業，令人相當困擾。逸祥

說他之所以沒有交數學作業是因為他不會。心理師在與他討論之後，他認為如果班上有同學可以教他，而且在中午的時候寫，他應該可以完成數學作業。因為中午吃藥後，會不想睡午睡，用來寫功課最好，晚上也會睡得比較好。而且他希望班上有一個吳同學可以指導他，因為吳同學是班上第四名，也是他的好朋友。為了幫逸祥完成功課，專輔老師同意讓他利用午休時間來輔導室完成功課，並且請吳同學當他的小老師。可是，兩人在午休時間，卻在輔導室裡面玩，並沒有寫功課。於是，逸祥被心理師告誡了一番，看來小老師也需要職前訓練，遵守該有的規則。但是，追根究底而言，如果逸祥有好的家庭功能，功課的完成是不成問題的。後來，校方讓逸祥於午休時間在教室內安靜地寫作業，但常發現他睡著了，所以作業也沒寫完，每天的家庭作業幾乎都會缺交至少一項。但是，兩次段考考下來，逸祥有幾科卻是進步的。

✿ 對症狀的自我覺知

逸祥對自己的情緒轉折有所覺知，且可以清楚表達。他表示自己如果期待過幾天要去戶外教學，在那之前，他就會很忍耐。可是，一旦那天到來，到達戶外教學的目的地時，他就會大解放，會高興過頭。同樣地，如果有期待要做什麼，在之前他都會非常忍耐，可是當那一天真正到來時，他就會因為壓抑太久而大爆發，並做出一些衝動行為。

逸祥也提到，他平常要跟同學講話時，會表達不出自己想講的話，例如：有一回在自然教室看到大蝗蟲，逸祥想向旁邊的同學表達自己之前也有養過，但就是不知該怎麼說出來，看到大家又是你一言我一語地輪番講，就覺得很氣，最後就只好大叫：「啦啦啦……。」想阻止別人講話，別人就覺得他很怪、很討厭。同樣地，逸祥也表示當聽寫考試時，他也常寫不出來。可是，在老師眼裡，逸祥上課時會主動舉手發言且口條很清楚，比起其他男生的表達能

力好很多。

　　心理師向逸祥說明這是因為他太急了，心太急時會找不到適合的字說出來。所以，在當下可以試著要求自己放鬆、深呼吸，同時小聲數 1、2、3……，讓自己稍微停一下，不急，然後再表達，會比較清楚些，就不會最後轉變成說不出來話而懊惱生氣。逸祥答應願意試看看。

❀ 偏差行為明顯減少，但不穩定

　　個管老師表示，逸祥最近幾週上課情形穩定，合作度高，亦無粗魯言語，行為有明顯進步，例如：當別人糾正他時，按慣例，他原本會對同學爆粗口，但現在會突然想到要克制自己，就沒有爆粗口，而改說：「好啦！我知道了啦！」還有他以前上課時，會常說：「去死啦！」或其他粗話，最近上課都不會說了。怎麼會變這樣乖，個管老師想請教心理師，未來逸祥在資源班上課時，要以什麼樣的教導方式，讓他可以持續維持目前的穩定狀態，因為下週起

心理師的 6 小時服務時數已經執行完畢，不會再來了。

導師也表示，逸祥這兩週都沒有發生捉弄同學的情況，導師還在聯絡簿上向爸爸誇獎逸祥最近行為表現良好、穩定。導師持續要求逸祥每天早上抄寫聯絡簿時，一併抄寫那三項他需遵守的規定：「不捉弄同學」、「依規定訂正」、「作業不缺交」，由於他一早就被提醒要控制自己，放學前，老師也會在聯絡簿上打勾檢視這三項要求，所以他早晚被提醒，就比較能控制自己的行為。再加上心理師每週來也會根據聯絡簿上的打勾記號，給逸祥小獎品，鼓勵他。整體而言，逸祥在五年級上學期後半段，跟班上的同學相處得很好，尤其期末這段時間，下課都跟吳同學玩在一起。

可是，放寒假前的最後一週，逸祥開始鬆散，又不認真自我要求了。逸祥又跟同學起了衝突，生氣地捏同學的手，嗆同學，於是被老師處罰罰寫。罰寫的作業沒有交；數習有一頁沒寫；小週記也一直沒交，因為用原子筆寫，老師說不行。

可見，逸祥之所以有如此的鬆散行為，主要是因為心理師這段時間並沒有來服務，逸祥在沒人檢視及督促他的行為之下，開始故

態復萌。心理師在得知後，於學期最後一天返校義務輔導逸祥一次。為了激勵逸祥，心理師仍然強調他本學期有進步的地方，「在跟同學互動上，進步最多，表示你有進步，有想辦法控制自己，很棒！」雖然本週逸祥有退步的現象，考量這學期他相當努力，仍然為他準備個大獎品，逸祥很高興，很喜歡。但是，心理師提醒逸祥，仍然要繼續進步，而且學校老師都很願意幫他，要好好珍惜。

【五年級下學期】

寒假有段時間，逸祥白天跟著教練在國中練球。有一天教練請假由其他教練代班，他中午便離開球隊，到附近商店買了一盒火柴，下午先在校園玩火，被學務處的老師制止，之後又在學校籃球場的廢棄樹枝區再度點火，所幸總務處人員及時滅火，不然後果不堪設想。開學後，學務處生教組老師與逸祥爸爸及專輔老師共同針對此事件開會，請逸祥爸爸假日需留意孩子在外的活動。爸爸現在送貨的時間長，到晚上 8 點才能下班，可是逸祥表示自己不敢一個

人在家，於是爸爸不在家的時間，逸祥都在外遊蕩。於是，生教組老師建議爸爸下午 6 點，來特教課托班接逸祥，一起去送最後一趟貨，就不用放逸祥一個人在家。

開學後的連續假期，逸祥抱走別人的狗，玩一玩後，又將狗帶到別處，隨地遺棄。失主透過監視器發現是逸祥抱走的，到校舉報。事後，逸祥爸爸為此賠了六千元。針對此事，逸祥辯稱以為狗是流浪動物，所以想要幫牠找主人，才把狗抱走。心理師並不想戳破逸祥的藉口，反而是跟他討論，如果發現流浪狗的正確作法為何，希望他可以做出正確的反應，例如：可以將狗帶到警察局，或交由附近住家的大人處理。此外，個管老師則是與逸祥談物權的概念，以及隨著年齡增長需負的法律責任。

專輔老師認為，逸祥的家庭功能不佳，當逸祥在校與人相處或功課上有狀況發生時，他沒有家人可以分享，排解他的情緒，因此他的情緒才會一直累積，到一個點後爆發出來，所以專輔老師會固定安排時間與他聊聊生活上的一些瑣事。而逸祥爸爸只會在逸祥捅出大婁子時，才唸他、管他，大半與孩子相處的時間都在玩手機。

🌸 學業成就每況愈下

開學後，5 點練完足球之後，教練會請同學陪逸祥到「特教課托教室」寫功課（一間特別為全校特教生服務的課托班），但是大約 6 點就得離開課托班。由於逸祥的書寫速度較慢，功課在回家前無法全部寫完，所以導師仍然反應逸祥會缺交作業，因為他變得很不愛寫功課，經常沒有依規定完成所有作業，必須隔天才能補齊。甚至，逸祥有一天沒抄聯絡簿，導師便在聯絡簿上註明「聯絡簿沒抄」，逸祥竟用黑色簽字筆將之塗掉，然後騙課托老師說：「今天有比賽，所以沒有功課。」之後，逸祥和另一位同學的聯絡簿都由導師親自檢查，所以如果有漏抄情況都會補上。此外，導師為了防止逸祥缺交作業，規定他若當天累積兩項作業缺交，就會用他練球的時間來補寫，即採用反應代價的方式。

所以，五年級下學期，逸祥的學業成績開始下滑，尤其是英文及數學成績非常不理想，出現不及格的現象。個管老師有詢問並要

加強逸祥的數學，但是他一開始不願意，後來到資源班上社交課時，逸祥有把數學課本帶來，個管老師表示隔週起會另外找時間幫他上補救教學。

心理師則是要求逸祥訂出各科的考試分數目標，國文 90、數學 60、自然 80、社會 70、英文 75，下次考完試核對成績，心理師會給予獎勵。結果考試成績出來，逸祥的成績如下：國 83、數 50、自 73、社 67、英 36，所有成績都未達逸祥個人所訂的目標，但是除了英文成績之外，每科成績都非常接近預期成績。可見，逸祥很了解自己每科的學習狀況，有自知之明。逸祥向心理師坦誠並沒有把功課放在心上，並認為自己的優點是很會交朋友，禮拜六、日都會到運動公園裡面找人玩，認識新的朋友。

🌸 同儕關係不好的核心原因

班上同學反應逸祥在班上一直講話，同學請他「安靜不要講話」，逸祥回應：「你閉嘴啦！」針對此事，逸祥表示對方又不是

班長，所以不能管他。他還說，最近同班同學都不理他，平時下課也沒有人要跟他玩，連假日在校玩也不跟他玩，所以逸祥只好去找六年級的學長玩。心理師跟逸祥一起思考是否自己做了一些不好的行為讓同學反感，促進他自我覺察自己的問題行為。

經專輔老師入班了解後，有同學反應：「逸祥講話很大聲，很凶，所以我們不想理他。」也有同學反應：「逸祥最近常常沒帶餐具，向同學借，造成同學反感。」也有部分同學向專輔老師反應：「我們對逸祥很好，都會請他喝飲料、吃東西、借他東西。可是，他還是那樣。」專輔老師請同學一起幫忙，有像這樣的事情，應該直接告訴他缺點是什麼，讓他知道原因，他才會知錯，才能改。不然，他會不知道大家為什麼不理他，而生悶氣。

逸祥向心理師表示，他想跟班上的一位南非來的同學（混血兒）當朋友，可是他並沒有要跟逸祥做朋友。同時，逸祥也表示混血兒同學在上課時愛講話，害他們整組扣分，造成整組不能下課。因此，他討厭混血兒同學，會在課堂上很生氣地糾正混血兒同學亂講話的行為。可是，混血兒同學平時很受其他同學們歡迎，於是同

學們就很討厭逸祥為什麼要對混血兒同學那麼凶，嗆他：「自己也沒有好到哪裡去。」所以，逸祥對混血兒同學又愛又恨，下課時也很想跟混血兒同學做朋友。他說：「如果可以交到一位人緣很好的朋友，自己也會受歡迎。」可是，混血兒同學的那掛朋友並不讓逸祥跟他們一起玩。逸祥表示自己很喜歡交新朋友，這學期有特別注意到混血兒同學，所以很想跟他成為朋友。然而，可能交友技巧不好，所以適得其反。心理師告訴逸祥，並不是每個我們想交的朋友都可以變成我們的朋友，如果沒辦法跟混血兒同學做朋友，可以交其他朋友。逸祥表示，有認識一位喜歡的別班女同學，目前班上也有一位同學會跟他一起玩。

逸祥本學期的不少脫序行為是跟「混血兒同學」有關，人際關係一直是造成青少年情緒波動的主因。導師認為，逸祥這麼在意朋友，卻不知道交朋友的方法，能不能請心理師教導他如何交友；且逸祥在班上的情緒起伏很大，也會影響同學對他的觀感，不知道要如何在課堂中指導他控制情緒。怎麼聽起來，這位導師把教育班上學生的重責大任都推給心理師了！

　　逸祥表示，自己的組別經常因為表現最不好，被處罰整天不能下課。逸祥說，他有時會為組別爭取到加分，但是混血兒同學都沒有，都在開玩笑，隨便造句，同學們卻被他逗得哈哈大笑，都不會怪他。逸祥希望混血兒同學「滾出去」，希望混血兒同學能到別組，這樣他的組別才有機會可以下課。逸祥表示，他下課時間之所以突然發脾氣，是因為班上還有其他人都做一些事情讓他很不爽，所以他就發飆。逸祥覺得他在班上沒人緣，讓他很生氣。

　　如想改善逸祥的情緒化行為，仍然建議需採用前文所提的「正向行為支持」策略，即「行為功能評量」及「正向行為的介入方法」。然而，該校的輔導室似乎沒有學會此策略，如果實施了，就知道逸祥本學期的情緒化行為之近因是與混血兒同學的不睦。心理師能做的仍只是一再的幫逸祥上一則又一則的社會性故事，與之討論該如何與同學相處，原則是什麼。

社會性故事：與同學相處

在學校，我和同學相處，總是會產生一些爭執，比如向同學借餐具沒有還、玩遊戲時不遵守規則、罵人、弄壞別人東西等。遇到這些情況時，我會感到生氣或難過，通常我會跑去跟老師說：「老師！我覺得很生氣、很難過。」老師就會主持公道，看是誰對誰錯。

心理師問逸祥：「那你在班上和同學相處時，會有哪些不好的行為？」逸祥表示，自己也會像故事中的主角，罵違規的同學，而且會用不好聽的話罵人，例如：會嗆同學「低能」、「耍憨」，叫同學閉嘴，開同學玩笑。

心理師再問逸祥：「怎麼做會比較好呢？」

逸祥說：「要用適當的口氣跟他說。儘量不要開別人玩笑。」

可見，逸祥並不是不知道如何跟同學互動。只是，他控制不了

自己的情緒，生氣時就會說出或做出一些讓同學反感的行為。

好比說，本學期有一次上美術課時，逸祥覺得同學很吵，讓他頭痛不舒服，不能專心做美勞的板畫，害他做得很慢，不如預期快。於是，逸祥報告老師請同學安靜，在老師告訴同學要安靜之後，沒多久同學又繼續吵。所以，在回原班教室時，逸祥即用力拍打儲物櫃，發出巨響，就是要發脾氣給同學看。逸祥覺得同學都不會聽，跟他們講也沒有用。所以，這次是老師在管理上出了問題，不全然是逸祥的錯。逸祥知道美術課是歡樂時光，同學本就會很吵，不知道當時該如何做比較好。心理師提幾個建議供他選擇，包括：可以拿衛生紙塞耳朵會好一些。同時，也讓逸祥知道在小學上課都是如此吵，不是嗎？反而，自己改變比較容易且快一些，要求別人改變會比較困難一點，以促進其自控。

此外，心理師也教導逸祥可以在心情不好時，跑到校園的某個角落罵一罵，不要對人罵就可以，發洩一下情緒。逸祥表示，他之前都用忍耐的方式，可見逸祥平時真的如專輔老師所言：「逸祥的家庭功能不佳，當逸祥在校與人相處或功課上有狀況發生時，他沒

有家人可以分享，排解他的情緒，因此他的情緒才會一直累積，到一個點後爆發出來。」

逸祥也經常抱怨爸爸管他太多，讓他很煩，很不喜歡爸爸。爸爸總是一回家看到他就一直唸，不像同學的爸爸們都會陪他們做有趣的事，會跟他們說說笑笑，更不用說會陪他玩了。導師也表示，逸祥曾跟同學說，他計畫要離家出走，大概問了他一下，也和爸爸管他、唸他有關。

幸好，導師拖了幾週終於重新分組，逸祥可以不用再和混血兒同學同一組，也終於可以下課了，他也較不生氣了。心理師仍然持續實施行為管理技術，與逸祥約定，下回仍然需控制住脾氣，如果沒有因混血兒同學而生氣，就有獎品。心理師仍然擔任逸祥的生活教練，每週都與他討論可以增進的行為有哪些。

🌸 導師不佳的處罰方式

逸祥與另一個同學去抬餐時，對方說話酸逸祥，結果讓逸祥火

大追打他。最後，導師要求他們互相道歉，但動手打人的逸祥需依班規罰寫課文一篇。班規規定不能吃口香糖，但逸祥吃了兩次，依規定又需罰寫課文一篇。專輔老師建議導師是否可改以勞動方式處罰，不要罰抄，因為逸祥的書寫速度很慢，這罰寫功課很難完成，且會排擠其他作業的進度。但是，導師不接受這樣的建議，認為既然逸祥不喜歡書寫，就必須讓他罰寫，才知所警惕。

　　專輔老師也與足球教練溝通逸祥被罰寫五百字的事。有一回足球教練規定比賽後，大家都要交二百字的心得寫作，如沒交就要罰體能訓練。一名未交心得且文筆較好的學生向教練反應，他不想被罰做體能，而想改交五百字的心得，教練就說，那所有未交二百字心得的人都改成五百字。這下逸祥聽了臉都綠了，相當生氣又沮喪。後來，幸好專輔老師與教練溝通，如果處罰已規定體能訓練，就應該處罰體能。

　　心理師向導師說明，不少比例的ADHD兒童有感覺統合困難，使他們運筆常不順，字寫久手會很酸，而且他們有書寫表達困難，即想出一個字所需的時間比一般人來得久，造成他們寫心得及作文

的能力都不佳。可是，導師不太接受心理師的建議，包括：儘量用勞動的方式處罰逸祥，或是用多重選項的方式給予逸祥選擇處罰的方式，以及當逸祥不會寫作業時，可以允許他參考或抄別人的語文作業。導師認為，現在所服務的「大」學校有一定的規定，他沒有辦法配合調整，大概只有「小」學校可以依心理師的建議而更改。而且，在處罰逸祥勞動時，他總是嬉皮笑臉、沒有悔過的意思。導師對於如何管教ADHD的逸祥，有自己的定見，不太願意聽從別人的建議，甚至認為心理師太護著逸祥，殊不知逸祥有多奸詐狡猾。如此一來，校外的專業知識很難進入校園。

🌸 願意等待的個管老師

　　五年級上學期第一次到資源班上課時，逸祥直接質問個管老師說：「你告訴我為什麼我要來這裡上課？」老師回應他說：「那你覺得你為什麼要來這邊上課？」逸祥回答說：「你還沒回答我的問題。」並要求其他同學也問個管老師：「我們為什麼要來這裡上

課？」個管老師覺得逸祥來資源班上課，會刻意不遵守秩序，並會用粗魯的言詞挑釁同學。之前在四年級來資源班上課，逸祥會刻意表現出自己是資源班中最懂事及聽話的小孩，這學期來感覺想當老大，不聽老師上課，還會鬧場。

到了五年級下學期，個管老師則是可以站在逸祥的立場替他想，也會耐心地教導他。個管老師表示，逸祥來上資源班的課時，對老師的態度良好且合作，但是對同組一起上課的同學很不友善，總是對他們大聲的吼叫：「滾開」、「別吵」、「白痴」等。隔週，逸祥來上課時，帶了一隻玩具雞來，壓它身體的不同部位會發出不同的聲音，逸祥很嗨，一直學那隻雞叫，直到老師讓雞到一旁休息，他才停止學雞叫。逸祥最近很早就會到資源班，談到國中想參加籃球隊，不踢足球了。個管老師順道跟逸祥聊到他國小換了三間學校，分別在北屯區、太平區、潭子區，這三地距離都很遠，爸爸為了他遷居了三次，付出很多。見逸祥安靜了一下，似乎有聽進去。最後幾週上課，他的上課態度及心情都不錯，對同組同學出現插話時，逸祥的反應也較之前緩和。有回逸祥在看圖說出自己感想

的活動中，就他自述的內容，個管老師感受到逸祥是個很善良，常會想對路人、窮困的人、弱勢者伸出援手的小孩。

以上都是個管老師的分享，唯有你真心關心他，他才願意真誠回答你。剛開始接觸逸祥時，逸祥也是隨便亂回答一通來敷衍個管老師，當時逸祥其實一直在說謊。

✿ 耐心教導的輔導室老師們

逸祥吃完午餐，必須到輔導室清洗餐具，然後放在學校，如此一來就不用一直向同學借餐具，造成同學的困擾。上週五，他清洗完餐具回教室後，輔導室的老師們發現他把剩菜剩飯倒到輔導室的洗手臺裡。

輔導室的老師馬上打電話請他下來，問他：「你為什麼把剩菜剩飯倒在洗手臺？」

他不屑地回：「I don't know。」

老師繼續問：「你怎麼會不知道？剩菜剩飯應該要倒在班級的

廚餘桶裡。」

逸祥說：「老師規定 12 點 30 分我要把餐桶及廚餘桶搬下去，我吃到 12 點 40 分來不及。」

老師又問：「那你知道自己吃不完，為什麼不在搬餐桶下去時，自己順便倒？」

逸祥：「吃太撐。」

老師：「那其他同學來不及倒掉，怎麼處理？」

逸祥：「同學就是把剩菜剩飯裝在餐盒直接帶回家清洗。」

老師指導他：「專輔老師讓你方便不用帶餐盒回家，可以在校清洗，你卻給大家帶來麻煩。上次你也倒在洗手臺內，是專輔老師幫你清理的，這次你又這樣，剩菜剩飯會阻塞水孔，造成其他樓層阻塞，會給大家帶來很大的不便。以後吃不完時，可以自己拿下去一樓的餐車倒掉，或者跟輔導室老師要一個小袋子，裝起來丟進垃圾桶。」之後，也指導他如何清理洗手臺的剩菜剩飯，他清理完才回教室。隔週即未再發生此情況。

心理師知道後，也提醒逸祥要遵守輔導室老師們的指示，因為

這種作法是在改善他忘了帶餐具的行為，大家都在幫他，要心存感謝，確實配合。之後，逸祥於下午都有來輔導室將碗筷清洗乾淨，也會向老師要小袋子裝吃不完的食物。

🌸 逸祥的反思

到了五年級將結束的最後幾天，雖然逸祥的功課愈來愈跟不上同學，心理師讓逸祥反思自己在整個國小時期進步之處。逸祥表示，小學轉學了兩次，最後轉到現在這個國小，遇到一堆救星才可以讀到五年級。逸祥表示，自己在低年級時愛咬人，也因為咬老師才被要求轉學，可是逸祥說：「已經好幾年都沒有咬人了，那是小時候的事，我改了。」

逸祥還認為，如果現在回去四年級導師的班上，他可以遵守老師所要求的規定，因為他覺得自己最近進步很多。除了用藥劑量改為 27 毫克的專司達以後，吃得較適應之外，他表示自己已聽進心理師的話，變得比較成熟，比較能控制情緒。以前會常常看不慣同

學的一些行為，現在的逸祥說：「就忍耐啊！不理他們就好啦！」
現在比較會原諒別人，比較成熟。逸祥坦誠他以前比較皮，好比上
學期他在英文課上會比較吵，現在下學期他有比較控制住。

　　之前在心理師的每一次諮商時，都會跟逸祥解釋一下過動症的
行為特徵，讓逸祥能夠自我了解，增加對自己情緒狀態的理解，比
較能夠想辦法控制自己，例如：「過動症的人比較放得開，比較情
緒化，生氣的時候很氣，高興的時候很高興。」多同理及鼓勵逸
祥，逸祥就比較願意聽心理師的話，例如：心理師會說：「我知道
你不是故意的，但是你很容易玩過頭，有時候就犯錯了，大家認為
你是故意的，於是你被誤會了，就會很生氣。」

　　逸祥表示，現在下課時間會去找別班的同學一起踢足球，並沒
有跟自己班的同學玩。他覺得這樣子的生活方式很好，也就是下課
跟別班的同學玩，如果跟同班同學玩的話可能會起衝突，被同班同
學嫌惡。也因此，他現在的同班同學上課時願意跟他同一組，不會
像四年級時的同學排擠他。

註1：

根據《精神疾病診斷與統計手冊》（*Diagnostic and Statistical Manual of Mental Disorders*）第五版（DSM-5）（American Psychiatric Association, 2013），依孩子出現的症狀類型，注意力不足過動症可分成三種：

1.混合表現（combined presentation）：在過去六個月中，準則注意力不足和過動—衝動兩者都符合。

2.主要表現為注意力不足（predominantly inattentive presentation）：在過去六個月中，準則注意力不足符合，準則過動—衝動不符合。

3.主要表現為過動—衝動（predominantly hyperactive/impulsive presentation）：在過去六個月中，準則過動—衝動符合，準則注意力不足不符合。

班有過動兒 正向行為支持

小四的阿翔因預備殺人被起訴

🌸 對念書沒興趣

　　阿翔身高約 145 公分左右，身材微胖，身體健康且智力正常，目前應該是要就讀國小四年級，但是輟學中。阿翔對念書沒興趣，上課時覺得很無聊。校長表示，阿翔從一、二年級起就開始不交作業，請家長加以督促管教，可是毫無改善，情況是日益嚴重，不過尚能配合學校其他大部分的規範，部分老師甚至對阿翔是正向評價，稱讚其工作認真，只是好動活潑些，對事物充滿好奇心。所以，三年級之前還算能穩定上課，課業成績也是普普通通。只是阿翔升上三年級之後，便會在課堂上發出怪聲或尖叫，影響上課秩序，並開始欺負同學，對著同學吐口水、謾罵，甚至用手刀劈同學肩頸、拿繩子勒同學脖子、用手刀戳男同學下體等脫序行為紛紛出

籠，甚至有同學因此受不了而轉學。對老師也態度惡劣，讓老師不勝困擾。

阿翔有過動症，低年級時有穩定服藥，狀況就較為穩定。但升上三年級之後，阿翔便不再吃藥，即便家人偷偷餵他，但被他發現後，就會被吐出來。阿翔未吃藥以後，行為就開始不受拘束，充滿暴戾之氣。

四年級開學一個多月以後，他就開始不願去上學，每天都想待在家裡玩電動，玩一些打打殺殺的遊戲，任憑誰如何勸說都不願回校上課，所以校長只能天天到家中輔導阿翔。校長表示，阿翔在三年級時，在校經常違反規定、欺負同學，是老師及同學眼中的頭痛人物。所以，阿翔不到學校上課，反而比較有利老師的班級經營，而不會影響其他同學學習。

阿翔阿嬤表示，阿翔不到學校上課之後，白天 8 點多起床，就開電腦，玩遊戲。平常校長會到家中輔導阿翔，有時會帶阿翔出去到處走走。每天晚上 6、7 點阿翔會再出門，去廟裡或網咖找人玩，大概到了晚上 10 點多才回家，因為阿翔最喜歡到廟裡看人練

陣，看陣頭表演活動，玩燭火、炮竹及玩網路遊戲。

阿翔阿嬤說：「阿翔個性很倔強，脾氣不好，會打人。家裡很多東西都被他打破了，也不聽長輩管教，會對長輩罵三字經。唯一的優點是我生病時會來關心我。」

校長也認為，阿翔難以管教，無法遵從規範，充滿暴戾之氣，嘴上常講一些砍砍殺殺的話，連對路上的人也都說要砍殺他們。但是，遇到救護車通過時，又知道要讓路，也會叫旁邊的人要讓路。

🌸 家庭功能不好，無人可管

阿翔父親因毒品案件，正在監牢服刑。之前，其父親一直無穩定工作，多做臨時工。因有海洛因毒癮，經常出入監獄，預計明年年底出獄。阿翔的媽媽在生下阿翔後就離開了，已經失聯很久。

阿翔目前跟阿公阿嬤住，家境不好，屬中低收入戶，住在祖產的古厝裡，屋內擺設簡陋、凌亂。阿翔的房間除了一張直接放在地上的床墊和一臺姑姑送的個人電腦之外，沒有其他東西，特別的是

屋頂上還有一個大破洞，不知下雨時，阿翔是怎麼度過的。

　　阿翔阿公的健康狀況不佳，有高血壓、糖尿病等毛病；阿嬤患有肝癌，經常需要治療。但是，阿嬤仍然一天給阿翔一百、兩百元零用金，主要是因為阿翔叔叔（有毒品、搶奪等前科）在賭場工作，會給阿嬤一些生活費。阿翔叔叔有一位女朋友，同居在阿公阿嬤家，女友也有毒品前科。阿翔比較畏懼叔叔，只有叔叔管教時，阿翔才會聽，但叔叔無心力照顧阿翔，且他的工作日夜顛倒，與阿翔相處的時間並不多。所以，阿翔的教養仍需依賴阿公阿嬤。可是，阿公阿嬤寵愛阿翔，事事依順他，阿翔反而更加為所欲為，口出惡言辱罵長輩。現在，阿公阿嬤對阿翔死心了，因為他很壞，完全管不動，只希望阿翔可以好好去上課。當少年保護官問阿翔覺得家人對他如何時，阿翔卻不發一語。

❀ 竊盜、預備殺人

　　阿嬤表示，之前因病住院開刀時，住院期間阿翔都會來探病。

原本不知道阿翔偷自己衣服口袋的錢，是隔壁床的病人看到後告知阿嬤，阿嬤才知道阿翔偷錢。

　　阿翔喜歡玩炮竹，常買一些炮竹隨便放置在家中。阿公看到覺得危險，便將炮竹收起來放到較安全的地方，阿翔想要玩時找不到，便跑去質問阿嬤炮竹放在何處，阿嬤稱不知情，阿翔就相當氣憤。之後阿嬤去睡午覺，阿翔從廚房拿了菜刀欲傷害阿嬤，被校長看到制止，阿翔將菜刀丟到垃圾桶，改燒了兩支大蠟燭，亦稱要燒死阿嬤，後亦被校長制止。阿嬤起床後，校長告知此事，阿嬤因而生氣提告。

　　阿嬤事後還表示，阿翔除了脾氣壞以外，又不守規範，常破壞家中物品、玩炮竹等危險物，很擔心哪天房子會被他燒了。阿嬤很無奈地說：「我們年紀都很大了，身體也不好，他爸又入監服刑，叔叔工作日夜顛倒，家中已經無人可以管教他，導致他連學校都不去。希望可以將他暫時收容，讓他守規矩些，拜託法院幫忙，找適合的機構管教照顧他，以免他愈走愈偏。」

🌸 對立性反抗疾患與違規行為

　　心理測驗結果顯示，阿翔的違規行為或稱品行疾患（conduct disorder, CD）註1 屬重度偏高，更不用說阿翔也有很明顯的對立性反抗疾患（oppositional defiant disorder, ODD）註2。此外，其自我概念偏低，對自我持負向價值感。

　　ADHD的孩子有高達65%伴隨有對立性反抗疾患（ODD），即容易出現不順從、好爭辯、愛發脾氣、違抗指示、自己犯錯卻怪罪別人等行為，且大部分有ODD的孩子，會發展成品行疾患（CD）。如果早期（12歲前）即發生CD症狀，則是日後犯罪行為的重要預測因子。另外，ADHD患者有10～20%伴有反社會性格疾患（antisocial personality disorder）註3，儘管如此，但家長也不用過於擔心。雖有研究指出，物質濫用、反社會行為，甚至犯罪行為都是ADHD成人較為人所知的問題（Hechtman, Weiss, & Perlman, 1984）。然而，這些問題不是十分普及的現象，可能僅見於某一類

的ADHD患者之中，例如：ADHD兒童具攻擊性之子群（aggressive subgroup），長大後才較容易表現出物質濫用和反社會行為（Claude & Firestone, 1995）。

為什麼ADHD兒童容易伴隨ODD？通常步入青少年期時，他們的心裡會感到混亂及矛盾，因為他們會發現之前的自己是比同學厲害的，例如：低年級時，在學校的動態活動上，自己的反應機靈、口才好，是同學眼中的明星，也是大家關注的焦點，總是有用不完的小聰明。可是，中、高年級之後，發現自己應付不來冗長的課文，常會記不住，課堂上的表現也開始出錯，被同學笑，回家功課也漸漸無法如期完成。他們開始不能接受逐漸變弱的自己，愛面子的他們於是惱羞成怒，將憤怒發洩在周遭的人及物上。如果此時，老師及家長又沒辦法理解他，只是一再的要求他、指責他，那就更雪上加霜了。所以，在自我認同上，他們就會出現問題。ADHD兒童在低年級時有時還能獲到老師的關愛眼神，但是通常進入中、高年級之後，受到的關愛就相對減少很多，因為注意力不足、過動及衝動的症狀對他們所造成的干擾愈來愈大，且一有狀況就會被老師

班有過動兒 正向行為支持

處罰，讓他們心裡很不是滋味，因為他們覺得「我真的沒辦法控制我自己」，可是又不能獲得大人的理解。一旦被家長知道他們在學校犯的過錯，會再次受到責罰。此時，他們就只好對抗大人世界，以維持所剩無幾的尊嚴了。如果同時又遭到同儕的排擠，有事沒事地針對他的症狀弱點（如易分心等）加以取笑，這樣一來孩子就更情緒化了，如同阿翔一樣。此時，由人際互動所衍生的適應問題，會比ADHD主要症狀所帶來的困擾更加令人難受，最後逼得他們要離開這所學校。

因此，如果ADHD孩子在成長過程中伴隨出現ODD的行為，家長只要儘早修正自身的教養態度及方式，即有很大的成效。當然，孩子本身如有其他成人加以開導，成效會更佳。

老師可以採用以下技術來帶領ODD孩子，同時家長也可參考我的另一本書《當媽媽遇見過動兒》（李宏鎰，2011），內容描述其他家長帶領ADHD和ODD孩子的過程，可供實質的參考。以下是教導的策略：

1.與學生建立良好關係：一旦看到學生有好的表現，便大力讚

美他，將他的好行為明確說出來，讓他不用再費心維護自尊。同時，相信老師平時的教導是為他好的。

2.雙向平等的溝通：每天找個 10 至 20 分鐘，與學生進行雙向平等的溝通，讓學生有表達的機會，共同探討人際互動可以改善的地方。

3.實施親職教育：與父母溝通教養孩子的觀念，如何避免不必要的責問、威脅和發脾氣，以及如何避免下達含糊、重複的指令和爭辯，以減少激發反抗行為的情境。

4.下達明確的指令前，可以先引起學生注意，使其正確了解內容和期望。指令要清晰明確、不嘮叨，並給予完成工作的合理時間（要比一般孩子長）。

5.下達適宜的指令後，要認真且有效的執行，並運用行為後果管理的原則，培養孩子負責的行為及態度。

6.運用「正向行為支持」：運用行為功能評量發展出廣泛、多元的介入方案，達到預防、教導之目的。

7.運用行為管理技術：常用正增強培養與師長合作的行為，並

用反應代價、隔離或暫停增強等方法，減少對立性反抗疾患。

🌸 裁定安置輔導

可惜，阿翔沒有機會遇到懂他的老師，也沒有誕生在好的家庭，遇上好的父母親。阿翔阿嬤主動提告，要求法院讓阿翔暫時收容，好讓他得到警惕和教訓，甚至希望之後還可以找到適當的安養機構來教養阿翔，以免他走上歧途。因為阿嬤這回知道自己能力有限，無法教養這個寶貝孫子了。阿翔除了被告預備殺人之外，另有傷害等案件，但考量阿翔不利的生長環境，法庭最終裁定給予「安置輔導」處遇，即短期收容兒童，矯正其行為性格。收容期間還需再尋找適合阿翔之安置機構，直至國小畢業為止。

🌸 軍事化的教育方式

阿翔最終被安置在離家 140 公里遠的青少年安置輔導機構，這

個機構的服務宗旨是接受臺灣各地方法院少年法庭委託安置輔導行為偏差之青少年，這些青少年的原生家庭大都已被判定失去原應具備之有效教養、規範及協助青少年成長的功能。法院鑒於這群懵懂莽撞、年輕氣盛的青少年，如沒有家庭的約束力，極易被社會不良分子所吸收、影響，因此交付安置輔導於該機構，以期暫代青少年家庭功能，期限為兩個月到四年。

　　阿翔算是幸運了，不少機構會挑人，且拒絕收容法院交付的孩子，最後這些孩子只能被結案，無法做任何治療或輔導，而直接返回社會，接受更多誘惑和考驗。這主要是因為「壞橘子理論」，一堆橘子當中，只要有一顆橘子發了霉，其他橘子也很容易跟著發霉。

　　此青少年安置輔導機構的安置輔導方式與眾不同，主要模式是軍事化管理。這裡的孩子平時在園區宿舍需要像當兵般打點自己的生活起居，阿翔一開始總是漫不經心地隨便摺疊棉被、整理床鋪，可是被隔壁很會整理床鋪的大哥哥狠狠地瞪了一眼之後，便馬上認真地跟著整理了。他們平時也都需要到社區的中小學就讀，因此阿

翔也不能再任性不去上學，學校老師會特別照顧這些由機構出來的孩子。放學回機構之後，機構會聘請大學生進行課後的課業輔導，因此阿翔不會的功課可以獲得個別指導，因注意力不足而引起的學習困擾可獲得協助。再者，機構中有購買各式樂器，可讓孩子們組樂團，或是設置烹飪教室訓練孩子學習烘焙。阿翔負責打鼓，透過操作學習的方式，過動症狀也獲得緩解。規律化的生活、動態與靜態參雜的學習活動、個別化的補救指導等，都是讓阿翔走上正軌的有效方法。感謝此青少年安置輔導機構為所有法院轉出的孩子所做的付出，可惜的是，二年後，阿翔父親出獄了，阿翔因此必須回到原生家庭，因為他的父親擁有監護權，而法院的經費也有限，仍有其他孩子需要獲得經費的支持，每個孩子的支援真的都很有限。

註1：

　　品行疾患是一種好發於兒童及青少年時期的行為問題，其基本特質是侵害他人基本權益，或違反與其年齡相稱的主要社會標準或規範的一種重複而持續的行為模式。依據DSM-5（American Psychiatric Association, 2013）對品行疾患的診斷標準為：

　　過去一年，至少出現下列十五項類別中的三項，而於出現的項目中，在過去六個月中至少出現一種以上：

1.攻擊他人或動物

　(1)經常霸凌、威脅或恐嚇他人。

　(2)經常引發打架。

　(3)曾使用可嚴重傷人的武器（例如：棍子、磚塊、破瓶子、刀、槍）。

　(4)曾對他人施加冷酷的身體凌虐。

　(5)曾對動物施加冷酷的身體凌虐。

　(6)曾直接對受害者進行竊取（例如：街頭搶劫、搶錢包、勒索、持械搶劫）。

(7)曾逼迫他人進行性行為。

2.破壞財產

(8)故意縱火，意圖造成嚴重破壞。

(9)故意毀壞他人所有物（縱火除外）。

3.詐欺或偷竊

(10)闖入別人的房子、建物或汽車。

(11)經常說謊，以取得財物或好處，或者逃避義務（即指欺瞞別人）。

(12)曾在未直接面對受害者的情境下，竊取值錢的物件（例如：未破壞門窗或闖入的順手牽羊；偽造）。

4.嚴重違反規範

(13)經常不顧父母禁止，夜間在外遊蕩，且在 13 歲之前即開始。

(14)住在父母或監護人家中時，至少兩次逃家在外過夜（或僅一次，但相當長時間未返家）。

(15)經常逃學，13 歲前即開始。

註2：

　　對立性反抗疾患指的是兒童經常不聽話，甚至公然反抗老師或保育人員，造成人際關係的破裂，甚而引發更嚴重的行為問題，例如：攻擊、自傷、哭鬧、反社會等行為，使得學校課業的學習及日常生活功能無法順利進行。根據DSM-5（American Psychiatric Association, 2013）的診斷標準，對立性反抗疾患是指以下三大行為模式至少出現四項，並至少持續六個月以上，且至少表現在與一位不是手足者的互動之中：

　1.生氣／易怒情緒

　　(1)經常發脾氣。

　　(2)經常是難以取悅或易受激怒的。

　　(3)經常生氣或憤慨。

　2.好爭辯／反抗行為

　　(4)經常與成人爭辯。

　　(5)經常公然反叛或不服從權威者的要求或規定。

　　(6)經常故意惹惱別人。

(7)經常把自己的過錯或不當行為歸咎於他人。

3.有報復心

(8)過去六個月中至少有兩次懷恨或報復的行為。

註3：

　　反社會性格疾患指的是，對他人權益不尊重及有侵犯的模式。也就是說，他們不接受社會規範限制，任意做心裡想做的事，毫無社會意識，缺乏道德感。症狀通常在青少年期已覺察，持續到成年期，之後其影響逐漸減弱。根據DSM-5（American Psychiatric Association, 2013）的診斷標準，其診斷重點如下：

　　1.15歲開始，對於他人權益不尊重及侵犯的廣泛模式，表現出下列各項中的至少三項：

　　(1)不能符合社會一般規範對守法的要求，而呈現一再被逮捕的行為。

　　(2)狡詐虛偽，呈現一再說謊，使用化名，或者為自己的利益或娛樂而欺騙愚弄他人

(3)做事衝動或無法事先計畫。

(4)易怒且好攻擊,呈現一再打架或攻擊他人身體。

(5)行事魯莽,無視自己或他人的安全。

(6)長久的無責任感,呈現一再無法維持長久的工作或信守財物上的承諾。

(7)缺乏良心自責,呈現出對傷害、虐待他人或偷竊他人財物都覺得無所謂,或將其合理化。

2.患者目前年齡至少18歲。

3.證據顯示,患者15歲以前為品行疾患(CD),至少有下列三項:

(1)反覆違反家規或校規。

(2)反覆說謊(不是為了躲避體罰)。

(3)習慣性吸菸、喝酒。

(4)虐待動物或弱小同伴。

(5)反覆偷竊。

(6)經常逃學。

(7)至少有兩次未向家人說明外出過夜。

(8)過早發生性行為。

(9)多次參與破壞公共財物活動。

(10)反覆挑起或參與鬥毆。

(11)被學校開除過,或因行為不軌而至少休學一次。

(12)被拘留或被警察機關管教過。

幸運的宇哲

　　宇哲是位混合型的ADHD孩子，目前就讀國小四年級普通班，且接受資源班服務。因為他申請到特教生身分，被鑑定為情緒行為障礙。資源班每週提供三節課程，支援老師也提供遊戲活動課程二至三節。

🌸 宇哲的行為困擾及輔導順序

　　既然宇哲是混合型的ADHD孩子，表示他的三大症狀：注意力不足、過動、衝動等非常典型且明顯，即生活上經常表現出易亢奮及欠缺自我控制的行為。宇哲平時說話聲音都很大，是幾近喊叫的方式，且會說些不雅或攻擊他人的話，令人反感。加上宇哲的大肌肉動作不協調，常會以不當的肢體動作或語言侵犯同學，造成同學

不舒服或受傷，且人際關係也不佳。

上課時，宇哲無法持續專注在學習活動上，除了容易分心之外，還會做出干擾老師上課和同學學習的行為，例如：上課中任意發言、喜歡用抬槓的方式（偏離主題）發表意見或是針對同學的發言加以評論、閒來無事吹個口哨等。在科任課堂上，甚至會出現隨意離開座位、拿同學東西等脫序行為。

讓導師更氣的是，宇哲非常不尊敬老師（包括科任老師），會直接嗆老師：「閉嘴！」所以，心評老師也覺得宇哲呈現出符合對立性反抗疾患（ODD）的行為，而不遵從老師及父母的命令和要求。也因此，宇哲才能通過鑑輔會的鑑定，擁有情緒行為障礙的特教生身分。

導師覺得宇哲的學習動機低落，在國語及數學兩科上出現學習困難，尤其不喜歡寫字。宇哲也確實向導師說過：「我想到讀書，心情就不好，想到就頭殼壞掉。」可見，宇哲已經有負向的自我概念及情緒。此外，除了導師觀察到宇哲與同學互動有不當的大動作之外，宇哲不喜歡寫字也有可能是因為他的小動作控制上有困難，

因此宇哲很可能有感覺統合困難。研究已經指出，ADHD兒童同時伴隨感覺統合困難的比例至少占 33%（Steinhausen et al., 2006），應該安排職能治療師做仔細的評估。如果確定有此困難，可以訓練手指、手掌及手腕的力道控制，有助於孩子的運筆能力。

資源班的特教老師，根據宇哲的問題行為嚴重性，排列出以下優先處理的順序：

1.以不當的肢體動作或語言與同學互動。

2.上課時，做出干擾老師和同學的行為。

3.不尊敬師長（如要老師閉嘴）或出現反抗行為（如不遵從老師的要求）。

4.上課時分心。

5.負向的自我形象。

於是，輔導室建議導師採用「行為改變技術」，在集點表（如附錄一所示）上予以獎勵，以塑造宇哲以下的好行為。也就是說，利用「產生連結」（制約）的概念，讓孩子知道怎樣做才是對的、做錯了會有什麼下場。當孩子還不理解這樣的連結關係時，行為一

表現出來就要立即給予回饋,才容易建立因果關係的連結。而這可能不是透過一次、二次的處理,孩子就能理解的,需要持續相同的原則一段時間,孩子才會了解該做什麼或不該做什麼。導師一開始設定的目標行為有三:

1.我不可以用肢體動作觸碰別人,讓別人覺得不舒服或受傷。

2.上課時,我要坐在自己的座位上,不隨意離開座位。

3.我要舉手發言,每一節有五次的發言機會。

🌸 父母的教養態度

宇哲的家境小康且是家中獨子,所以父母對他的物質需求是有求必應。宇哲目前有進行藥物治療,早上、中午各服用一顆「利他能」,並定期回診。然而,宇哲父母的教養技術仍有改善的空間。

宇哲媽媽說話較為直率坦白,表示宇哲小時候比現在更頑皮,晚上都很難入睡,很不好帶,非常希望宇哲能早點獨立,最大的希望是他在家能夠安靜、不吵鬧,做好該做的事;宇哲爸爸個性陽剛

且希望凡事有效率，難以忍受拖拉沒效率的情形，這可能是因為他是監獄管理員所養成的習慣，且由於自身從小遭父母打罵長大的成長經驗，因此認為這是唯一有效率的管教子女的方法，省得囉嗦麻煩。可以想像，一旦宇哲在家的行為過當，免不了被爸爸修理。

從心評老師的訪談中，得知其父母很期待孩子符合學校老師的所有要求、能做到老師說的好行為，達到別人心目中的好孩子形象。然而，當面對外在的教養建議時，這樣的家庭同時也是孩子的保護傘、避風港，從小一至今的各項輔導紀錄中，可以看到媽媽比較從幫孩子說話的角度去看事情，比較難站在學校、老師的教育觀點去看孩子的問題行為，而形成校方在家庭部分很難施力。媽媽非常擔心孩子受到欺負、不公平的對待，而想盡力保護他，會為宇哲站出來說話。幸好，到了輔導後期，母親的態度較為軟化，且配合許多。

校方的正向教育態度

　　宇哲非常幸運，所就讀的小學行政系統，包括：學務處、輔導室、資源班，以及相關的科任老師都願意正向看待他。導師表示，宇哲其實有發展出一定程度的自我控制能力，且是自發性的，例如：升旗時可以配合活動。宇哲的優勢特質尚包括：有創意、精力充沛、熱心助人、直覺性強、喜歡思考性遊戲、對有興趣的事情可全神貫注、對有成功經驗的事情願意一試再試、勇氣十足、想證明自己的能力。令人印象深刻的是，開個案研討時，資源班老師發給導師及科任老師的開會資料，上面寫的勸世語是：「親愛的老師們，請從另一個角度伸出支持的手，『挺出溫暖的背，支持孩子與這個家』」（如附錄二所示）。

　　此外，資源班老師也向導師及科任老師誠懇拜託，希望老師們可以對宇哲進行「意外的發現之旅」。資源班老師說，要看見孩子在班上有狀況，並不難；但是，要看見孩子的良好行為，雖是意

外，但也不難。因為只要願意轉換看待孩子的方式，來一場學生的意外發現之旅即可。這裡的「意外」，指的是孩子在班上自發性表現正向行為的時候。這些意外，包括：上課時眼神主動注視著老師、懂得輪流舉手等待發問、正襟危坐地在座位上、完整地抄寫聯絡簿、做該做的事、說該說的話等。縱使這些意外只是鳳毛麟角，但是當老師開始注意及搜尋這些成功的意外時，孩子的自信也會自然地被老師放大。因為，老師讓他看見自己做到的成功，如此也能夠拉近老師與孩子的內心距離，對他而言老師不再只是會挑剔與責難。長久下來，將會發現孩子的正向表現如滾雪球般出現，因為是老師讓他看見且維持正向的好表現，「原來，我也可以做到」！

🌸 正向行為支持

特教老師採用的是「正向行為支持」策略，以改善宇哲的偏差行為，其基本精神是採用非嫌惡的、正向的處理策略，才不會有副作用，例如：學生出現攻擊或負向情緒，造成師生關係惡化。它所

採用的處理策略是強調預防，不是等問題行為出現了才處理，而是為了預防問題行為的產生。而要做到預防的工作，就必須採用以下兩方面的策略：一是「事先控制策略」，另一是「訓練適當行為」。

事先控制策略主要是將所有會引發學生問題行為的前事予以控制，以預防偏差行為的發生，可採用的具體策略，包括：

1.調整環境：藉由適當安排適宜的環境、活動、課程或作息，排除可能的問題引發點，例如：孩子無聊時會自我刺激，則安排密集、有趣的活動。

2.排除引發問題行為的因素：事先制止或排除引發學生問題行為的事件出現，即前事控制，例如：老師及同學若以負面的語氣要求個案，個案即以反抗的方式回應，則可商請老師及同學改變與之互動的方式。

3.安排適當的行為後果：避免不當的後果導致問題行為更常發生，例如：若孩子故意講低級笑話，想看老師生氣的反應，此時老師應該保持鎮定，不予理會；若孩子藉由摔東西來逃避寫功課，除

了處理其摔東西的行為之外，等其情緒穩定之後，仍需把功課做完（當然此時需注意功課是否需要在協助下完成）。

訓練適當行為主要是教導學生在問題情境出現時，以正確的方式來因應或表達。因此，訓練的內容包括：

1.培養功能替代的活動：不希望學生一再表現出同樣的偏差行為，最好的方法是讓學生表現出一項可以取代他目前問題行為的其他行為，或是找出不相容的行為，讓他無法從事原本的行為，例如：喜歡在教室不停地跑來跑去或繞圓圈的孩子，可以教他在操場上滑蛇板，因為滑蛇板就不能在教室跑或繞圈，這兩種即為不相容的行為。又例如：數學課時，學生以拍桌子、摔鉛筆的方式表達作業無法達成，老師可訓練他以「舉牌子」方式，表示他需要協助或調整；並在學生一旦表現出適當行為時給予鼓勵，這樣「拍桌子」與「摔筆」的問題行為就可逐漸被替代。

2.訓練溝通能力：訓練學生以表達取代問題行為，通常學生能表達後，情緒反應也不會那麼強烈。表達不限定用口說的方式，也可以用指出或出示圖卡、字卡的方式來表達。

3.訓練社會技巧：教導適當的社交互動方式，讓學生以適當方式來表達自己的情緒和感受，並增加與他人互動的機會。這其中包含衝突情境的辨別，以及自我控制能力的提升。

4.培養做選擇及做決定能力：通常讓學生有自主權，會降低反抗或負向情緒反應產生的可能性。可以有計畫地提供選項讓學生選擇，以培養自主且負責的能力。

5.培養休閒活動：可以看看和學生同齡的孩子們在做什麼活動，試著引導其從事此類活動，可陶冶情緒，也可增加與同學聊天的話題。

再者，行為訓練的方法以正向、不傷害的策略為主，負向策略盡可能不使用，或使用最輕微的懲罰方式。否則，學生的受罰忍受度會愈來愈高，甚至學會以同樣方式來對付別人。如下說明。

一、增強制度

1.正增強：針對好的行為給予獎賞或鼓勵，以增加此行為發生

的頻率或強度。然而，正增強物的使用有幾項原則：增強物是學生平時不易獲得的；需具可行性；需適合學生的年齡。

2.區別性增強原則：增強某項好行為，而問題行為不能獲得增強。不同行為有不同的後果，讓學生感受到落差，才能減少問題行為，而表現出良好行為。

3.負增強：一旦表現出好的行為就可以移除現在加諸在學生身上的嫌惡刺激，例如：學生不喜歡的同學坐在他鄰座，一旦表現好，就可以換座位。

二、隔離

平時在教室就要提供充實而有增強作用的活動，一旦學生表現出傷害別人及自己的情緒化行為（危險的或破壞性行為）時，需立刻把學生帶至角落或帶離開現場。但是，隔離不是懲罰，而是為了冷卻情緒之用。所以，隔離時需注意一些事項：

1.隔離時應有成人陪同，以掌控局面和避免危險。

2.隔離的情境，對學生而言不能是正增強，即不能是學生喜歡

的情境。

3.隔離期間，應防止學生接近喜歡的物品和活動，避免隔離情境變成正增強情境。

4.在隔離期間，限制和學生的不必要口語交談。

5.隔離必須在情緒行為發生之後立刻實施。

三、忽略

忽略是基於行為削弱歷程，一旦確定學生的問題行為是為了引起老師的注意，當問題行為發生時不要給予關注，而是要一致地忽略不具危險性和破壞性的行為（如哭鬧、抱怨、頂嘴、發出怪聲、做出鬼臉等），通常最後會使行為減少。值得留意的事項有：

1.忽略的效果很少是立即的，甚至在問題行為減少之前，其頻率和強度可能會暫時性提高。因為學生會測試老師的忍受度，一開始發現無法獲得注意時，會採取更激烈的手段。老師必須堅持不予理會。

2.忽略要搭配行為訓練及增強策略。教導孩子獲得注意的正確

方法，並在其做出適當反應時，給予稱讚或增強，才能獲得更好的效果。

【打造宇哲專屬的正向行為支持】

事先控制策略

一、調整生態環境

1.同儕生態：為了營造友善的班級，減少宇哲與同學們之間的誤會與衝突，特教老師進行入班輔導，向同學們介紹ADHD的症狀及與之相處之道。入班輔導的內容可參見「拿二百元獨自過日子的逸祥」之章節。重點聚焦在引導班級同學學習如何與ADHD學生進行相處，並將注意力轉移至ADHD學生的優勢特質上。此外，經老師精挑細選，幫宇哲組織一個朋友圈，安排班上能力強、穩定度高的同學與宇哲做朋友，下課一起玩。

2.教室環境：宇哲在科任課時，比較容易出現情緒化行為，建

議可以考慮將各科任課的上課教室調整回原教室上課。

3.家庭環境：由輔導主任與父母溝通，希望宇哲父母能實施正向管教、正向支持教養策略，提供一個安定、溫暖、沒有打罵的理性家庭情境。

二、排除引發問題行為的因素

首先，排除可能來自「老師」管教不佳的因素，由特教老師提供一般老師正確的教育概念，認識ADHD學生的特性，並建立適當的互動模式，包括：

1.正向關注，具體讚美，建立良好的師生關係，以增進宇哲的順從行為。與ADHD學生先有好的關係，他才會聽老師的話，也才有機會改善偏差行為。一旦師生關係不好，其餘都談不上。在具體的作法上，可以抓住學生自發性表現出好行為時（通常ADHD孩子會表現出熱心服務的行為），或是經老師提醒之後做出好行為時，用具體、大量的讚美來強化這個好行為，同時讓他知道老師對他的觀點是正向的，而不是只會挑他毛病。有時，ADHD學生也會試探

老師是不是真心誠意接納他，直到通過試探期，他才會真的相信老師，最後他甚至會講義氣，要為老師出口氣。一旦關係建立起來，仍需經常維持，並常回饋老師的想法，「你今天幫老師先把黑板擦乾淨了，老師上起課來很方便，老師很高興」、「現在桌上的東西被你打翻了，老師沒辦法上課，老師覺得很難過」。這也就是「我訊息」（I-Message）表達法則，不對學生做出否定性的批評，而是傳達大人的心情，學生們也容易誠懇地接受。此外，也可以採用「我們的秘密寶盒」的遊戲，將鼓勵、支持、讚美或小提醒的短語寫在小卡片上放入寶盒內，讓學生可以時時用以激勵自己。

2.提供成功經驗：一旦良好的師生關係建立之後，可以開始請他幫忙做事，做一些簡易、能力可及的事，即是讓他當老師的小幫手。一旦做好小幫手的任務，同儕也會認同他，孩子本身的自信心也能提升，老師也馴服了這匹脫韁野馬。如果任務的難度有所增加，記得先給予訓練再行交付，才不至於因他們的挫折容忍度低而告失敗。

3.冷靜面對學生的不順從行為：一旦學生出現不服從老師的指

令時，老師需先考量自己所下的指令是否有效，即內容是否明確、具體、與學生是否有目光接觸。老師可以再次加重語氣堅定地重下指令，可強化堅持的表情，不做多餘的說明，以免引起不必要的枝節反應。如果孩子的態度軟化了，可以友善地協助他一起完成工作。

4.先行阻斷和事後緩和情緒化行為：當察覺學生的情緒過高，如過於高興或話多躁動時，可以先行提醒他，「好了」、「冷靜」、「不說了」、「今天到此」、「結束」，要面帶冷靜的態度及表情說出這些關鍵詞。並保持單純的堅持，重複當下指令，同時轉移注意力，另起活動。

一旦學生已經亂發脾氣，需給予充分的時間及空間，緩解其情緒。同時，告訴他說：「老師等一下再跟你談，你先休息冷靜一下。」學生自行調解完情緒，即會回到上課進度中。必要時，可採用隔離的手段，阻斷學生做出進一步傷害自身及他人的行為。

再者，排除可能來自「父母」不當管教的因素。校方認為，如

果父母管教宇哲的方式能夠彼此一致，都能理解具ADHD症狀孩子的特質，耐心等待孩子成長，對孩子的外顯行為一定有所改善。由於宇哲在校對人講話較大聲且不禮貌，動作上又比較暴力些，而ADHD的診斷標準中卻不包含暴力行為，因此校方認為宇哲有可能是受到父親言行的影響，希望父親能減少打罵的管教方式，樹立良好榜樣。校方期待，透過學校、資源班、台灣赤子心過動症協會等多方努力下，讓父母的教養能力愈來愈進步。除了建議家長採用與老師同樣的「順從技巧」之外，針對ADHD的症狀，家長需在家協調宇哲克服他較弱的計畫及組織能力，包括：在家的作息時間需規律化、課業學習需步驟化等，即盡可能提供結構化的學習模式，以減少宇哲因學習能力及成果不佳，在校遇到挫折而生氣。

訓練適當行為

一、促進自我覺察

校方為了提升宇哲的行為改變動機，請導師利用手機錄影記錄

宇哲的行為表現，包括：肢體動作過大、多話、易生氣等，然後交給輔導室的專輔老師，老師再用善意的態度和宇哲討論，讓宇哲可以看見自己、了解自己。當下可以用來引導宇哲察覺自己不當動作的問句有：「這樣動作會不會太大？你看同學退後了好幾步」、「你會覺得你比同學愛講話嗎？」

二、建立正向的自我形象

　　為了提升宇哲的自尊，專輔老師介紹了不少成功的ADHD名人給宇哲認識，如英國首相邱吉爾、臺灣袖珍工房的蔡旺達先生等，希望宇哲對未來能有正向的自我期許。同時也用「發現我的優點大擂臺」活動，讓宇哲了解自己與他人的優點，認識個別差異。

三、訓練學校適應技巧

　　資源班為了讓宇哲可以適應學校生活，安排他在資源班參加不少團體活動課程，編了一本屬於他的武功秘笈（即IEP），包括：(1)利用團體遊戲的方式訓練「人際互動技巧」：即學習如何遵守

遊戲規則、分享、合作等技巧；(2)以團體討論的方式訓練「問題解決技巧」：即處理衝突、尋求協助、排遣無聊時間以及是非判斷等議題；因為宇哲欠缺問題解決技巧，常以暴力行為解決人際衝突；(3)以遊戲治療的方式訓練「情緒處理技巧」：即察覺自己與他人情緒、豐富情緒詞彙和命名、情緒表達、處理生氣、處理自己容易興奮等；(4)以益智電腦化遊戲訓練「專注力」：利用線上的聽覺與視覺化注意力遊戲、注意力廣度訓練軟體，有系統的鼓勵宇哲增加寫作業時間及作業難度，以提升他的持續性注意力；(5)運用「固定運動」方式：每天的「課間活動時間」由好朋友與宇哲一起去走操場兩圈，來調解他的活動量。

再者，以上這些宇哲的行為訓練方法都配合正增加的行為改變技術，包括：與宇哲簽定行為契約（如附錄三所示），增進他的改變動機；將宇哲的好行為視覺化，　個好行為有一個獎章，貼在公布欄上，增加他的自我控制能力；經常陪伴宇哲瀏覽這些好表現，以提升他的自我效能感。

❀ 正向行為支持策略的介入三步驟

由本書中的宇哲及逸祥的例子，老師們應該很能理解「正向行為支持」如何用來改善學生的偏差行為，茲將正向行為支持的實施步驟簡述為三：

1.建立學生背景資料：先蒐集與分析學生的背景資料，並分析問題行為與生態環境之間的關係，以及考慮優先處理的目標行為。

2.評估目標行為發生的原因及功能：通常學生的特質（症狀）與環境因素都會引發問題行為的產生，問題行為通常發生在什麼情況下？而行為的後果，如是為了獲取注意、逃避工作、感官刺激的需求、獲得想要的物品或活動等，都會讓問題行為持續出現。因此，第二階段的重點在於分析問題行為之所以發生的前因後果，理解該目標行為的功能為何。

3.擬定正向行為支持計畫：運用團隊合作，提出可行的處理方式，包括：事先控制策略及訓練適當行為。事先控制策略，又包

括：調整環境、排除引發問題行為的因素及安排適當的行為後果

等；訓練適當行為，又包括：培養功能替代的活動、訓練溝通表達

能力、社交技巧等。

班有過動兒 正向行為支持

附錄一

○○○好行為集點表

日期：（　）月（　）日　星期（　）　　當學生做到時，請任課老師簽名蓋章或打√									
上課時我要遵守的規則									
我不可以用肢體動作觸碰別人，讓別人覺得不舒服或受傷。	晨光時間	第一節	第二節	第三節	第四節	第五節	第六節	第七節	第八節
上課時，我要坐在自己的座位上，不隨意離開座位。	晨光時間	第一節	第二節	第三節	第四節	第五節	第六節	第七節	第八節
我要舉手發言，每節課有五次發言機會。	晨光時間	第一節	第二節	第三節	第四節	第五節	第六節	第七節	第八節
下課時我要遵守的規則									
我不可以用肢體動作觸碰別人，讓別人覺得不舒服或受傷。	晨光時間下課時間	第一節下課	第二節下課	第三節下課	第四節下課	第五節下課	第六節下課	第七節下課	第八節下課
我好棒！我今天一共得到（　　　）個獎章，我希望可以兌換的獎勵：（　　　　　　　　　　　　　）								爸爸／媽媽簽章：	

148

🌸 附錄二

請老師協助與支持事項

親愛的老師們，請從另一個角度伸出支持的手，「挺出溫暖的背，支持孩子與這個家」。辛苦您了！用力謝謝您的協助與支持。

一、先訂定班規（級任課與科任課均同時強調）

每個人都必須遵守規定，宇哲也可以用班規來要求他，代表老師的公平，只是老師可用格外明顯的增強制度來訓練宇哲遵守。

1.**不觸碰別人**：任何人都不應該對別人吼叫、威脅、動粗（包括打人、拉人、踢人、推人、戳人）、嘲笑，或做出其他不好的行為，如吐口水。也就是不可以用肢體動作觸碰到別人，讓別人覺得不舒服或受傷。一旦傷害到別人，都必須冷靜下來向對方道歉，並設法彌補。

2.**上課時，不離開座位**：上課要坐好，不可以隨便離開座位，不要干擾老師及同學上課。

3.**要舉手發言**：每個人都必須先舉手，經老師允許後再發言。為了公平，每個人每節課都有五次發言機會。

※違反上面的規定，不聽老師的話，會同時請學務處的老師來處理。之後，需要利用下課時間，做「愛校服務」的工作。

二、公開討論班規

在班上共同公開討論上述這三項班規，並說明全班都要遵守，並明確定義行為的細節和行為後果（請與老師的班級加分增強制度結合）。

三、個別的增強系統

可使用「好行為集點表」要求特別的同學遵守上述規範，項目由各科老師提醒、要求、評定並簽名或蓋章，下課時間部分可請級任老師提醒、要求、監督和蓋章。宇哲是ADHD學生，對賞罰不敏

感，需個別告知。

四、項目一

　　當訓練項目一的行為時，學生一旦出現不當的肢體互動，老師冷靜、堅定、勇敢的態度很重要，不需做出多餘的口語刺激，只要堅定說出自己的要求和事先約定即可。但是，事後需詢問學生是否有苦衷。

五、項目二

　　當訓練項目二的行為時，請參考目前宇哲的可專注時間約10～15 分鐘，請老師調整上課節奏，預防其躁動，並至少提供一至二次合法的活動機會，例如：擦黑板、發言等，而在他自發性的安靜和專注時，給予正向關注，例如：獎章加碼送、雙倍送。

六、項目三

　　當訓練項目三的行為時，若宇哲自發舉手，善用五次發言機會

時，請老師大力回饋他舉手發言的好行為。反之，當他搶話、插話時，請老師需不予任何回應以削弱之，並以眼神注視全班冷靜說：「大家都一樣，做該做的事要舉手發言，舉手老師叫你才能發言」，或者此時進行隔音活動：「最高品質——靜悄悄」。

七、校內輔導老師的角色和功能（學務處、輔導室或資源班老師）

一旦學生出現危機行為時，輔導老師必定要出面處理。輔導人員的處理原則如下：

1.提醒自己「話能少就少」，只說重點，例如：「做該做的事，冷靜！」「做該做的事，坐好！」秉持堅持態度，以適宜的指示或動作協助孩子冷靜，以限制和阻斷孩子做出進一步的衝動傷害行為。

2.處理方式：陪同孩子暫時隔離，坐「冷靜椅」冷卻情緒。

3.配合視覺提示卡（圖卡加文字方式呈現，可貼在黑板、貼在桌面），時時提醒孩子。

八、關注好的行為，忽略不當行為

記得！大力關注好的行為（請老師製造孩子的成功經驗、尋找孩子自發性的好行為且鼓勵之），同時計畫性忽略學生的不當行為。

九、多找機會與孩子建立關係

老師們要記得「多提醒！多鼓勵！」請老師在簽名或蓋獎章之前，投以慎重、深情的凝視，並說一句好話催眠他，製造機會讓他清楚明白好行為和被讚美、鼓勵、肯定、喜歡的連結。

十、多與家長溝通，並建立良好的夥伴關係

要一致性的進行行為訓練策略，請家長務必配合執行在校的增強系統（好行為集點表）。

❀ 附錄三

契約

　　我是宇哲，我已經四年級了，是長大的大哥哥了。老師說我一天比一天進步，我知道我可以做到。

　　當我在學校做到下列三件事情時，我可以得到老師的讚美和獎章，回家爸爸媽媽會讚美我，而且還可以得到我想要的獎勵。

　　太棒了！我要努力加油得到！

　　1.我不可以用肢體動作觸碰別人，讓別人覺得不舒服或受傷。

　　2.上課時，我要坐在自己的座位上，不隨意離開座位。

　　3.我要舉手發言，每一節有五次的發言機會。

※當我每天獲得 1/2 以上的獎章時，我可以多看卡通 30 分鐘。

※當我每週獲得 1/2 以上的獎章達四天以上時，週六可去逛夜市。

※當我每天獲得 2/3 以上的獎章時，我可以得到額外的獎金。

簽約人：_____

老　師：_____

內外壓力交織下的俊秀

　　俊秀剛升上國小五年級時，因爸爸工作職務調整的關係，從新北市轉學到臺中市就讀，當時還不是特教生，沒有機會選擇「適性老師」。因此，現在帶俊秀的導師，雖然已是校內的資深老師了，但是從來沒有帶過特教生的經驗，對有此類學生的班級經營能力較為不足，而且又是第一次教高年級學生，所以在備課上及應對高年級學生的偏差行為上都忙得不可開交。除了俊秀之外，班上還有許多表現類似問題行為的學生，因此導師身心俱疲，使得她的思維方式及作法都較無彈性。

　　媽媽表示，俊秀五年級之前，在新北市就讀時，因為功課人多壓力太大，曾說過想跳樓。帶他去看過醫生，醫生判定他有輕微的過動症，當時有短暫服藥過。但是，媽媽怕藥物對身體有害，後來就停藥了。在此，真的要提醒老師及家長，過動症孩子每跨一次求

學階段，都是他人生的重大挑戰，例如：升上三年級會因為學習科目變成四科、升上五年級會因為學習科目難度提高，而有學習困難、自信心低落的情況發生。而服藥的必要性，是隨孩子成長過程中所遇到的難題與能協助的力量之間的逆差有多大而定，如果難題大於可協助的力量，那服藥可以帶來多一份協助的力量。如果可協助的力量足以應付難題，那當然就不用服藥了，例如：孩子已經有好的家庭功能，父母知道如何養育ADHD孩子，上學又遇到班級經營能力強的老師，那這位ADHD學生將有很大的機會人生順遂。

❀ 和新同學相處不睦

導師表示，俊秀剛轉學來時，開學沒幾天就大發脾氣，衝撞同學，例如：有一天俊秀沒有將「造詞簿」帶來學校，作業簿也沒訂正，導師要求他先訂正作業簿。只見俊秀回到座位就發脾氣，用力將課本甩在桌上，之後就趴在桌上。導師問他：「昨天下課前開放 5 分鐘，已經訂正完功課的人可以先寫回家作業，那時你在做什

麼？」同學柏霖用嘲笑的語氣搶著回答：「他在發呆。」俊秀聽了就生氣大聲說：「我沒有！」隨即哭著趴在桌上。

到了下課時間，俊秀就用力以肩膀撞柏霖，害得柏霖撞到桌角，所幸並無大礙。導師隨即要求俊秀向柏霖道歉。但同時，柏霖還向導師告狀：「昨天上體育課時，我和偉哲在玩，可是俊秀就用腳踢我；打球時，羽球又打到我肚子，都沒向我說對不起。」導師詢問俊秀：「為什麼要打人？」俊秀回答：「偉哲說柏霖很麻煩。」導師找來三人對質後，偉哲表示自己並沒這樣說。俊秀啞口無言，就大聲哭喊說：「都是我的錯，都是我的錯。」

之後，導師要俊秀到走廊上站著冷靜，並請同學留意他。從此，這三人的三角關係就確立了。俊秀跟偉哲是好朋友，在校經常一起聊天、一起玩。可是，柏霖三不五時就會來捉弄一下俊秀，而俊秀每回也都會因此而大發脾氣。導師表示，柏霖也有過動特質，可是父母不願提出申請特教生身分的鑑定。他們三人在班上經常有衝突，大小聲不斷，讓導師非常苦惱。

除了負向情緒之外，俊秀也表現出許多過高的正向情緒，例

如：有次下課時間，俊秀很興奮地告訴建豪：「來看我勃起！」並作勢要脫掉褲子；檢討數學考卷時，俊秀卻做鬼臉，逗鄰座的女同學笑。可見，俊秀有情緒過高的問題。

此外，導師也觀察到俊秀的情緒變化很快，例如：導師帶著全班做活動，俊秀跟旁邊的同學有說有笑，可是稍後卻跟另一同學發生口角，遭導師提醒，臉色馬上大變，將桌上的紙張一張一張撕碎。放學後，導師帶俊秀去找專輔老師聊聊，只見他與專輔老師有說有笑地走了回來。導師驚嘆地表示：「他的情緒起伏也太大了吧！」

當天晚上，導師打電話告訴俊秀媽媽，俊秀在學校踢人、撞人的事。媽媽表示會再了解，同時也告訴導師，俊秀常會擔心功課做不完，缺乏信心，對於旁人說他不好的事非常在意，挫折容忍度很低。導師建議媽媽帶俊秀到兒童心智科就醫，媽媽允諾會找時間帶俊秀去。

🌸 所有課都不配合

上體育課時，體育老師在測驗完後要全班集合，只剩俊秀一人仍在玩羽球。體育老師說：「你的行為像二年級學生。」於是，俊秀就開始口中念念有詞：「我是二年級，我是二年級……」，並躺在地上不肯起來。全班同學叫他過來集合，他依舊我行我素。體育老師愈說，他便愈故意。最後，全班延後下課，而他被留下，大部分同學已有微詞，都認為俊秀害全班晚下課。體育老師向導師表示，俊秀上課時常不守秩序、不認真做操、行為不受規範、不聽從指導。

體育課上完回教室上閱讀課，同學都在抄筆記，只有俊秀不肯抄。閱讀老師要求他到前面抄，抄了三個字就停下來，寫錯字時一直用橡皮擦狂擦，但抄筆記是用原子筆寫的，所以擦不掉，於是老師借他立可白用，並要求他抄完才能回去座位。他就開始掉眼淚，頭低低的動也不動，到了午睡時間，才由導師領回。導師問他為什

159

麼被留下,他卻回答說:「筆記沒抄完,向同學借,借不到。」

上美勞課時,俊秀不畫圖卻在聊天,並且用美工刀把素描筆的筆心削得很長很尖,美勞老師輕拍其肩膀提醒他要畫圖,但俊秀卻誤以為祐偉打他,遂打了祐偉,又拿美工刀割自己的桌墊。老師制止後,要他到前面來詢問原由,只見俊秀一直低頭,默默流淚,一直到下課也不肯告訴老師原因。

上社會課時,俊秀不肯寫社會習作而發脾氣、亂丟東西,社會老師問他怎麼了,俊秀卻直接回答:「不爽。」

上綜合課時,俊秀一直坐在地上,導師多次提醒仍不回座,讓人一頭霧水。晚上導師向媽媽反映,媽媽表示那是因為俊秀被同學罵白痴。但經導師了解情況後,發現事情是發生在下課時間,當時在樓梯間,俊秀先去搶了宜珍的球,還推她一把,害她差一點跌倒,才被宜珍罵白痴。所以,俊秀之後心情就一直不好,賴在地上不起來。

可見,俊秀不擅於處理自己的情緒,面對挫折時,例如:做錯事被糾正或是需求不被滿足時,不懂得改做其他事來轉移自己的注

意力,以緩解自己的情緒。因此,情緒調節的學習對情緒障礙學生而言,非常重要,他們可以學習在自己的挫折情緒被撩起時,當下先遠離令其挫折的對象,給自己一段時間,等情緒冷卻些,再回來處理。旁人並不需要當場要求他必須道歉,馬上調整好情緒。長久而言,情緒障礙學生需要學會接受自己的負向情緒,並且能將之適當地表達出來。

常生悶氣表達自己的情緒

上午,導師檢查小毛巾及剪指甲,不合格者會被罰站,包括俊秀在內。前座的同學為了要能夠站直,要求後座的俊秀將桌子往後拉一些,柏霖也幫腔重複對俊秀說了幾遍:「桌子向後拉啦!」俊秀隨即不高興地用力拉動桌子,桌子歪了並發出巨響,同時也把雜誌架打翻,書本掉落一地,俊秀又把書一本一本用力甩,之後就趴在桌上,生氣不罰站了。到了午餐時間,導師多次提醒俊秀去盛飯,俊秀都不予理會。導師只好請同學幫他盛飯,過了 20 分鐘,

俊秀才將桌子歸位且開始用餐。

　　上美勞課時，當美勞老師在解說時，俊秀沒有認真聽，被老師指責。俊秀就生氣的跑到走廊，任憑老師怎麼勸也不進教室。後來由兩位女同學聯合勸他，他才肯進教室。但是，一進教室後，就一股腦兒一直剪馬賽克用的瓷磚，無視老師的教學進度。

　　俊秀沒做掃地工作，導師問他原因，俊秀沒搭理導師，躲到桌子底下。午餐時間叫了他三次來盛飯，還是不理人。過了 20 分鐘之後，自己起來盛飯。導師提醒他可用飯匙或自己的湯匙去盛菜，他不肯，就只吃白飯。上週鬧脾氣時，導師已請同學幫他盛過兩次了。晚上，媽媽向導師表示，俊秀是嫌工具間的拖把生鏽了，地一直拖不乾，所以不想做打掃工作。

🌸 語用能力不佳

　　事實上，已經有不少研究指出不少ADHD兒童的語言表達能力不佳，經常詞不達意（Kim & Kaiser, 2000; Tirosh & Cohen, 1998），

也因此鬧笑話，造成自己羞愧，轉而生氣。有回上導師的課時，俊秀向導師告狀「建豪如何如何……」，但是表達不清楚。鄰座的詠婕跟導師說：「建豪並沒有怎樣啊！」於是，導師就先將此事擱置，繼續上課，這時俊秀就已經開始不高興了。放學前 10 分鐘，導師詢問他事情原委，他不回答，放學後再次問他，他就眼含淚水生氣地拿了餐袋轉頭就走，完全不等導師把話問完。可見，很有可能當下俊秀處於情急之下，無法用言語表達自己情緒的千萬分之一，因而沮喪；加上沒有人願意理解他，被拒絕、被否認的感覺湧上心頭，那種椎心之痛，讓他憤而離開。

又有一回上閱讀課時，俊秀大力踢桌子，發出巨響，上課中的大家都嚇了一大跳。坐在俊秀周遭的同學們告訴老師，只見俊秀大力踢桌子，不知道為什麼。俊秀卻大聲辯解說：「我沒有。」並將鉛筆盒甩在地上。任課老師下課後，將他留下，他卻一直回說：「然後呢？然後呢？」根本無法跟他談下去。後來導師來詢問，俊秀卻辯稱是聽到聲響覺得很吵，才甩鉛筆盒，不是他發出巨響的。可見，俊秀不知如何告知旁人，他是在怎麼樣的情況下，踢到桌子

發出巨響，也許是因為想縮腳進去時太急了，角度沒有拿捏好，不小心撞了一下，但怕被同學取笑，引來非議，所以只好辯稱：「我沒有。」希望大家可以忽視這樣令人難堪的意外。

同學說不得，情緒一觸即發

早自修時間，導師去開會。俊秀將布偶裝的衣服套在頭上，離開座位找佑偉玩。風紀股長提醒他：「回座，不可以離開座位。」他不肯，號碼就被登記了。稍後自己就在座位上碎碎念，柏霖聽到後就搭腔嗆他，兩人你一言我一語，互不相讓。最後，俊秀就用力把剪刀丟向柏霖，還好沒傷到人。剪刀歸還俊秀後，他又生氣地將剪刀往地上一丟，接著掀桌子，打翻雜誌架。鄰座的三位女同學一起安慰他，他才將桌子歸位，但隨後就坐在地上大哭。當導師回教室向同學詢問事情原委時，只見俊秀用頭敲桌柱，用雙手打自己的頭。導師馬上請專輔老師來安撫俊秀，俊秀的情緒之後才較為平復。

　　第一節下課時，俊秀口中念念有詞：「我是女生，我是女生，我不要跑大隊接力，我不要跑大隊接力。」柏霖聽到就大聲對他說：「不要吵。」俊秀就將雜誌架推倒，將桌子踹倒，導師見狀，趕緊拉住他的雙手，他又說：「我死了，算了。」導師一放開他的手，他就用頭敲桌子，導師遂先將桌子搬到走廊上去。等專輔老師趕到後，俊秀就躲到窗臺下哭，過了 20 分鐘，才在專輔老師的協助下，把雜誌收拾好。

　　上午，全校運動會預演時，全班搬椅子準備下樓。同學告訴導師，俊秀在發脾氣，因為柏霖對他說：「動作快一點！」他就生氣的將椅子摔到三年四班門前。一直到全班都在操場休息區就定位之後，俊秀才搬著椅子放在休息區。

　　上美勞課時，俊秀拿相機想拍彩樺，彩樺拿課本擋住，不想讓他拍，俊秀想拿走課本，彩樺不肯，他就用自己的課本打彩樺的課本。美勞課老師要他來前面罰站，他就生氣的用筆亂畫課本。彩樺拿走他的筆，他就用力打彩樺的手臂。

❀ 父母管教方式有待加強

俊秀父母的管教方式不僅不一致，也不恰當。有一回，俊秀一家人與親朋好友相約去看國慶煙火，搭接駁車時，俊秀卻故意走反方向（此為父母的想法，孩子的真正想法不得而知）。於是，俊秀爸媽急著分頭去找他，結果爸爸找到俊秀後，直接呼了他一巴掌。

在夫妻一陣爭執之後，媽媽覺得爸爸要負擔起關心及教育孩子的責任，要求爸爸帶俊秀去看醫生。可是，爸爸卻把俊秀帶到房間，做勢要打他，俊秀大喊：「不要！」隔天，媽媽打了 113 家暴專線，下午 3 點社工到校訪談俊秀。媽媽表示，爸爸認為孩子哪有什麼過動症或憂鬱症，只是打得不夠而已。媽媽同時告訴俊秀，以後不管發生什麼事絕不會打他。

最後，經由社工的推薦，媽媽帶俊秀到醫院的兒童身心科就診，醫生開了「利他能」給俊秀服用，但是媽媽表示俊秀有時會忘記服藥。而爸爸則是參加了有關過動兒的講座，帶回了一些資料。

可是，到了五年級下學期，俊秀的情緒困擾並沒有獲得多大改善，仍然與同學及老師們水火不容，常用摔東西的方式發洩脾氣。

❀ 老師仍然說不得

上閱讀課時，俊秀的心得遲交了兩個星期，閱讀老師嚴厲斥責他，俊秀回到教室就生氣的摔鉛筆盒。午餐時間，導師為他預留了飯菜，並再三提醒他去盛飯，他說不想吃，怕會吐。隨即的午休時間卻在玩小東西，不肯趴下午睡。

上數學課時，數學老師檢討前一天的練習題，但他只寫了一題，且提醒多次，俊秀才拿出課本，但不肯寫新的練習題。

上社會課時，他偷偷看漫畫，被社會老師沒收。被要求畫重點時，又用力亂畫，最後被社會老師罰站。社會老師請同學發表「明鄭時期」的相關問題，俊秀卻說：「鄭捷，捷哥。」社會老師就要求他下課時間需靜坐反省，他就開始撕社會課本。

✿ 仍然與同學水火不容

今日要到校外上游泳課，導師提醒同學打掃動作要快一些，可是俊秀仍是拖拖拉拉，一副愛掃不掃的樣子，也藉口說竹掃把不好掃，導師還親自掃給他看。當組長又叫他動作快一點時，他就發脾氣，摔了畚斗和掃把。

同學下課時間在玩紙團，不小心丟到俊秀耳朵，俊秀氣得摔鉛筆盒。

上美勞課時，俊秀先挑釁同學，雙方起了爭執，俊秀就發脾氣，用力摔水壺。美勞老師告訴他：「再發脾氣，就告訴導師及媽媽。」他回：「去說呀！」

快放學的時間，俊秀到處向同學借功課。同學提醒他快回座位，他仍然不回座位。有同學說他：「大牌，大牌哥，他沒救了。」他就生氣摔書包、水壺等物品。

❀ 地雷真多

除了眾人與俊秀溝通困難之外，導師也開始發現俊秀有不少地雷。俊秀潔牙時，不用漱口杯，他向導師表示杯子上的圖案太幼稚，不想用。

俊秀倒垃圾時，他嫌裡面有果蠅，不肯去。垃圾袋原先已綁好，導師得再將垃圾袋重新綁一次，他才勉強拿去倒。

俊秀發現自己的桌子被弄歪，便質問德仁是否弄歪他的桌子，德仁回答不是，俊秀就過去踢德仁的桌子。柏霖問他：「為何要踢德仁的桌子？」俊秀回到自己的座位上二話不說就掀起自己的桌子，桌上及抽屜的物品散落了一地，後來自己又不甘願地將它們收拾整理完。

班有過動兒 正向行為支持

❀ 校方積極介入

於是，校方在俊秀五年級下學期幫他提出特教生鑑定，經通過後，六年級上學期開始接受資源班的服務。目前學校的介入策略，包括：專輔老師的情緒安撫、啟動校園危機處理小組、參與資源班的社交技巧課程、協助導師有效班級經營，以及外聘諮商心理師入校進行心理諮商。

目前，校方在俊秀有情緒行為問題發生時，安排校內專輔老師可隨時介入安撫。同時，專輔老師也已經幫該班做過兩次班級輔導。第一次是在開學沒幾天，就進行了班級輔導宣導，營造友善正向的班級環境。第二次是俊秀出現嚴重情緒行為問題後，進行班級輔導。可是，在輔導俊秀的過程中，專輔老師表示每次的班級輔導效果都只能維持短暫的一段時間，之後俊秀與同學的衝突又會再起。

一旦俊秀產生問題行為，而有立即性的危險或嚴重干擾上課秩

170

序時，都會將俊秀帶至輔導室冷靜情緒一下，也就是由輔導室啟動「校園危機處理小組」，共同來協助俊秀。不過，實際運作起來，大都是輔導主任及專輔老師在做這件事，學務處人員參與很少。

以上是緊急狀態下的處理策略。另外，為了提升俊秀的適應能力，校方安排俊秀到資源班上社交技巧課程。利用每週三早自習時間，由特教老師帶領校內幾位常與同學起衝突的學生一起上社交技巧課程。由於俊秀是悶葫蘆的個性，一開始在資源班並不配合學習，對老師有很強的防衛心，在資源班老師不斷的熱心互動下，才願意跟老師聊天，也才漸漸能夠參與社交課程。此外，由於導師一直無法有效班級經營，與俊秀之間一直有距離。因此，由資源班老師提供導師多次特教諮詢，以支持導師的班級經營。

同時，資源班老師也負責協助俊秀服藥，中午需補吃藥時，俊秀會自動去潛能教室（資源班）找老師服藥。一天兩顆「安保美喜」（apo-methylphenidate），早上則是由家長於上學前監督服藥，此藥物的成分與「專司達」、「利他能」相同，目前尚在調整藥品及藥量。因為俊秀之前曾服用「專司達」、「利他能」，校方

表示俊秀服用「專司達」後，在情緒控制上較不會有大暴走的情況，專注力也有所提升。可是，現在醫師卻改讓俊秀服用「安保美喜」，效果似乎沒有那麼好。這些同類藥物之間會有效果差異，應請家長與醫師多做充分討論，了解可能的原因之後，再行調整。

最後一項策略是校方透過「特教專業團隊」的申請，幫俊秀申請心理師介入，但是只獲得2個小時，可提供家長諮詢及加強親職教育。校方給心理師的轉介內容上寫著：「該生情緒反應閾低，情緒強度強，容易因為情緒問題產生偏差行為，對學習及與班級同儕相處方式都需加強。」

由於服務的時數受限，心理師只能盡可能正確地做出個案概念化，先是花1個小時快速了解俊秀目前的主要壓力來源。由於俊秀父母正在談離婚，俊秀表示會有一點點擔心父母離婚，但是又覺得父母很常吵架，不在一起也好，因為媽媽常常在生氣。俊秀喜歡媽媽，會跟媽媽一起玩一些很幼稚的遊戲，如打枕頭仗等，但俊秀不會跟爸爸玩，不喜歡爸爸，因為爸爸不只一次動手打過他。俊秀表示，之前爸爸在大陸工作，不在家，不會跟媽媽吵架，所以生活平

靜，現在爸爸在家，反而經常跟媽媽吵架。此外，俊秀還表示之前在新莊就讀時，有固定去打桌球，很喜歡，可是現在（搬到臺中）則沒有做特定的運動。可見，俊秀自從搬來臺中升上五年級後，除了學校適應困難之外，家庭生活也適應困難。這對學習有困難的過動症學生而言，可說是雪上加霜。

心理師服務時數的後一個小時則提供家長諮詢，俊秀父母也向心理師坦誠，夫妻倆感情不睦，俊秀爸爸的情緒有時控制不住，曾對俊秀施暴數次，目前雙方正接受臺中張老師的婚姻諮商，但是未來有可能會走向離婚。媽媽認為，俊秀有受到爸爸教養上的負面影響，媽媽與學校的配合度才較佳，然而對於教養俊秀的策略仍顯不足。除了建議父母可以多參加台灣赤子心過動症協會所辦的研習活動之外，一次的諮詢時間實在無法很具體地協助這個家庭。

媽媽北上工作

到了六年級下學期，俊秀媽媽竟傳Line告訴導師，這學期她要

回臺北從事美容護膚工作，俊秀會交給爸爸獨自帶，如有緊急事情仍可與媽媽連絡。這對俊秀而言，無疑是天大的壞消息。父親表示，由於父母分開，不再起衝突，俊秀反而比較不會出情況，現在俊秀在家時間大都是自己在玩手機，或在床上躺著無所事事。可見，之前父母親的感情不睦確實深深影響這五年級孩子的心靈。然而，由爸爸獨自帶俊秀，似乎也不是最佳的策略。

學期初，爸爸曾再次到校與俊秀的導師、資源班老師與專輔老師面談。資源班老師建議爸爸可讓俊秀到學校附近幾所安親班試讀，課業方面較不必操心，對俊秀的學習及情緒都有幫助。爸爸隨即向導師詢問，學校附近有沒有合適的安親班可以讓俊秀就讀，同時也表示俊秀每天早上皆有服藥。可見，剛開始由爸爸單獨撫養俊秀時，爸爸態度上相當積極。

無論是俊秀自述或是輔導主任及專輔老師的觀察，本學期俊秀情緒大暴走的次數明顯減少很多，只剩零星幾次。輔導紀錄上記載了一次，期中考考完，導師發國語考卷檢討，平時跟俊秀玩在一起的偉哲對俊秀說：「我考比你高分。」俊秀就被激怒，開始跟他爭

吵，並用手捶桌子，此時以為柏霖在罵他，就用書本丟柏霖。最後有四、五個同學都被書本打到，柏霖想打俊秀，幸好被導師阻止了。當專輔老師與輔導主任從輔導室趕過來協助時，偉哲的簿子與餐袋卻被俊秀亂丟了一地，由專輔老師和同學們幫忙整理。稍後又因開不了電扇，俊秀再度生氣，這回躲在前門後面，又得請專輔老師來安撫情緒。然而，另外一回，俊秀與兩位同學起口角，俊秀雖然很生氣，但是沒有大發脾氣，導師還特別給予他正向肯定。

憂鬱症狀浮現

六年級下學期，校方向特教中心多爭取了額外一次的心理治療服務。所以，過了幾個月，心理師再次見到俊秀，表示俊秀顯得非常憔悴。雖然已經是六年級了，俊秀在外觀上顯得非常矮小，講起話來有氣無力。俊秀向心理師表示食慾不好，平時吃得慢，也就吃得少。在班上，下課時間並沒有出去玩，只是在教室與同學聊天，沒有同學可以聊天時，就會自己東摸西摸，例如：隨意摺紙，試看

看可以摺出什麼形狀。放了學，自己走路回家，但大都是一個人先在家，父親較晚回家。

至於功課方面，在校偶爾在早自習寫聯絡簿時會寫得比較慢，沒有寫完。可是，功課多半在學校就利用時間寫好了，因為老師考量俊秀是特教生，給他的功課量很少。加上沒有去安親班，所以俊秀整天沒有做什麼事。俊秀自認成績不理想，自然科最簡單，成績會稍微好些，英語最不好，因為單字都背不起來。俊秀表示，剩下二個月，學期結束後，就會北上跟母親一起住，會在新北市就讀國中。

俊秀爸爸則是向心理師表示，自己已經沒有能力可以教養俊秀。「之前帶他去安親班，結果跟老師起衝突，所以現在沒有去了」，現在的爸爸認為在家最好，不用跟學校老師、同學或是安親班老師及同學起衝突。

心理師卻擔心俊秀因此而有憂鬱傾向，資源班老師馬上向心理師表示，之前俊秀晚上會吃一顆抗憂鬱的藥。心理師請資源班老師轉告俊秀爸爸，仍然可以帶俊秀去參加一些社團活動，讓俊秀有與

人互動、玩樂的機會。

俊秀平時會用電話聯繫母親，假日會北上找母親，母親會帶他去教會寫功課，但俊秀在教會沒有朋友。俊秀抱怨臺北的外公變不聰明了（因為失智），聽不懂他說話，又愛碎碎念，所以不喜歡外公。

整體而言，俊秀這幾次來諮商室晤談，講起話來都是有氣無力。最後一次諮商時最為嚴重，黑眼圈很明顯，他說晚上 11 點多會躺在床上很久都睡不著。早上起來，在學校就會打瞌睡，精神不濟。但是，爸爸及導師卻覺得他這樣不吵不鬧就好了，只希望他平安順利畢業就好。部分回家功課，俊秀完成度不高，老師因為他是特教生，所以就把標準放很低，也就是隨他去。現在在班上，俊秀偶爾會跟同學聊天，偶爾做自己的事，偶爾發呆，下課時間並沒有出去玩。所以，到了六年級下學期，俊秀沒有之前那樣經常與同學起衝突。大部分時間，俊秀就是病厭厭樣，覺得畢業到新北市讀國中後就會好一些。

心理師目前只能向校方建議，請校方協助做好轉銜工作。並且

轉請家長務必持續帶他就醫，將孩子近況呈現給醫師了解，此舉是期待醫師藉機開導一下爸爸的教養策略。

過動症與憂鬱症的共病

在早期，大部分的研究指出約有 9～38%的ADHD兒童患有憂鬱症（Anderson, Williams, McGee, & Silva, 1998; Biederman, Newcorn, & Sprich, 1991; Bird, Canino, & Rubio-Stipec, 1988）。許多ADHD患者經驗過士氣低落，或悲傷情緒和慢性的不快樂感。無法實現自身潛能讓他們產生失落感，許多人因而經驗到內心疼痛（Weiss, 1992）。如果是患有ADHD，後來才發展為重鬱症（major depressive disorder）的孩子，他們會出現比僅患有重鬱症的孩子更加嚴重的功能障礙。對臨床醫事人員而言，治療這類患者是項重大挑戰，重鬱症常常會加重孩子的ADHD症狀及功能障礙。

Turgay等人（2003）的一項臨床研究報告指出，約有 70%的重鬱症兒童及青少年都有共病，其中 34.24%被診斷有 ADHD、

30.68%有廣泛性焦慮症（generalized anxiety disorder）、26.84%有對立性反抗疾患（ODD），以及 12.32%有品行疾患（CD）。可見，在許多情況下，內化（internalizing）和外化（externalizing）障礙並非完全彼此獨立，而是密切相關。

如果是以ADHD兒童及青少年（6 至 18 歲）為調查對象，歐洲的大調查（n＝ 1,478）結果發現，ADHD兒童最常共病的是對立性反抗疾患（67%），焦慮是 44%，憂鬱則是 32%，其他共病的精神疾病，如圖 6 所示（Steinhausen et al., 2006）。值得小心解讀的是，此項研究中的精神疾病之界定並不是以嚴謹的醫療診斷為根據，因此所得結果會有高估的現象。

圖 7 呈現ADHD在不同發展階段的衝擊因素，無庸置疑地，憂鬱症狀的出現會加劇在這些領域的負向衝擊。大部分小時候就出現ADHD症狀的孩子，同時也有嚴重的行為、認知及執行功能上的障礙，使得他們的行為表現差及生活品質不佳。在這段時間，他們的憂鬱及焦慮會增加，進而使他們在青少年及成人階段的臨床症狀變得複雜。耶魯大學的Tom Brown教授還稱ADHD是一種基礎症狀

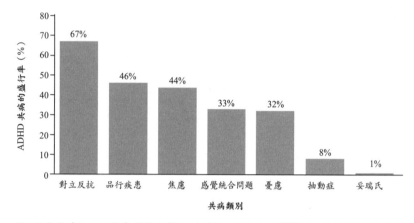

註：抽動症（Tic disorder）是指重覆的、忽然的、快速的、非規律的肌肉動作，包括聲音
或口語。妥瑞氏症（Tourette syndrome）是指同時呈現動作及口語症狀至少一年以上。

圖 6　與 ADHD 常共同存在的精神病症及其盛行率
資料來源：譯自 Steinhausen 等人（2006）

（foundational disorder），意指它很容易成為其他精神症狀的宿

主，尤其當ADHD症狀沒有被辨認出來及治療時，到了成人階段，

有 70%的ADHD患者同時有其他明顯的精神問題，憂鬱及焦慮則是

兩個最常共存的狀況。

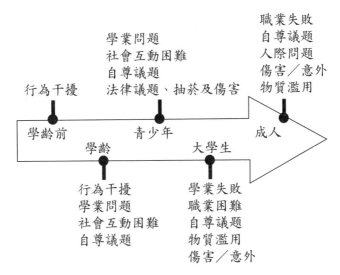

圖 7　ADHD 在不同發展階段的衝擊因素
資料來源：譯自 Turgay 與 Ansari（2006）

🌸 治療焦慮、憂鬱和過動症

　　為了制定適當的、有效的治療計畫來解決過動症及與之共存的焦慮或情緒障礙，進行仔細評估甚為重要。如果未治療焦慮或情緒障礙，ADHD的治療不太可能會成功。因此，除了ADHD的症狀評估之外，醫事人員及教育人員必須探索孩子是否可能伴隨焦慮或情

緒障礙。與處方醫師共同合作，發展最佳的治療方案，並從改善營養、睡眠、運動和減壓的生活方式來幫助過動症孩子，這些改變可以非常有效地減輕孩子的焦慮和憂鬱症狀。

一旦ADHD患者有焦慮症狀，除了藥物治療之外，治療者可以訓練其學習放鬆技巧，包括：冥想、漸進式肌肉放鬆技術、視覺化生理回饋、深度呼吸練習等，可以藉由減慢心率、減少肌肉緊張度，以及提高注意力和正向情緒，來幫助抒解壓力和治療焦慮。

此外，可採用認知行為治療法（Cognitive Behavioral Therapy），這種短期的介入有助於人們改變負向的思維模式，從而積極影響行為表現。認知行為治療法被廣泛用於焦慮症及憂鬱症，並已顯示在治療廣泛性焦慮症和其他病症上頗具成效。廣泛性焦慮症指的是依據DSM-5 的診斷標準，在過去六個月期間，大多數的日子裡，都有過度焦慮與過度憂慮某事的現象。焦慮跟憂慮會伴隨著下列六項中的三項或以上，且已經嚴重影響到患者的日常生活、人際關係、職業等：(1)坐立不安或感覺緊張；(2)容易疲累；(3)難以保持專心或心中一片空白；(4)暴躁易怒；(5)肌肉緊繃；(6)睡眠障礙。

國二的文哥

　　文哥目前就讀於臺中市某國中，被鑑定及就學輔導委員會判定為特殊生，障礙類別是情緒行為障礙，且具有ADHD症狀，因此給予不分類資源班的安置方式。因為文哥的課業已經落後很多，需要好好地補救教學一番，目前是國文科抽離五節，英語科抽離六節，數學科抽離七節的方式。

　　文哥的小名叫阿文，不是來自破碎家庭，也沒有會家暴的父母親。如同大多數國中生，阿文的家境小康，爸爸雖然較為權威，但因為工作關係經常不在家，不常管教孩子，外籍配偶的媽媽才是阿文的主要照顧者。媽媽表示，國小階段對他的管教方式多以打罵為主，上國中之後改為勸導。但導師表示家長的管教方式很鬆散，配合度並不高。阿文有一個妹妹，就讀國小，對哥哥總是抱持非常敬畏之心，不敢造次，故兄妹不常互動，談不上感情好或不好。

　　媽媽說：「阿文在小學四年級之前，一直是個認真念書的孩子。但是，升上五年級之後就開始不愛讀書，抗拒去上安親班，因為要寫很多很多的作業。」一般而言，遭受ADHD症狀所困擾的孩子，很容易因為小學高年級的功課變得困難而放棄學業，例如：六年級的國語課文愈來愈長，他們不佳的工作記憶愈來愈負荷不了，再也背不起來了；需要長時間才處理得完的數學步驟，他們原本就不佳的持續性注意力，再也撐不下去。於是，挫折感增大，力不從心，索性就放棄課業學習。讀中、低年級時，不少ADHD兒童可憑藉天生的小聰明應付功課，但升上高年級或國中後，這些小聰明再也不管用，而需要讀書技巧。一旦沒有人教他們如何有效讀書，如整理課文重點，他們就沒輒了。當然，ADHD兒童的挫折容忍度本就不佳，使他們很容易放棄課業學習，轉往線上遊戲，而其立即回饋性會讓他們沉迷，也讓他們的挫折容忍度愈來愈不佳。

　　上了國中之後，阿文的脾氣變得更加暴躁，曾經多次向老師嗆聲、和老師對罵、無故發脾氣，尤其生氣時就會破壞公物。最後，導師只好常常打電話通知媽媽，請媽媽到校處理，並表示已經不知

道該如何教導這位大哥級的阿文了,從此阿文就成了文哥。文哥的導師說:「不知道他何時會生氣,只見他稍不如意就會發脾氣,同學和學校公物都生活在恐懼之中。他不但不上課,還會故意鬧老師,讓老師出糗。他無心學習,在教室又會影響老師的上課情緒,看要不要接他回家反省。」文哥目前被記了三支大過,不過都是因教務處在作業抽查時,沒繳交作業。

於是,除了校方安排補救教學之外,臺中市特教資源中心還派一位經驗老道的巡輔老師去輔導文哥的偏差行為。巡輔老師先是進行入班觀察,了解文哥的實際上課行為,此時文哥正就讀國二下學期,上課總是趴著,看似睡覺,偶爾會把下巴靠在桌上,兩眼無神地望向遠方,且無論何時,文哥的課桌上都是空無一物。不過,此時上課的老師是開心的,並不會叫醒他,或是要求他將頭抬起來。因為,一旦文哥是完全醒著,對老師的態度總是冷漠及不屑。偶爾,文哥也會像一般國中生一樣找同學聊聊天。到了該去資源班上課時,總是要拖到打鐘之後,才願意去。即便進了資源班入座後,也是趴在桌上睡覺,叫他起來,就會生氣發怒。

此外，無論家長、導師、資源班老師及特教組長都紛紛表示：
「只要有老師指責文哥，他就會生氣發怒。」下課時，文哥跟同學
相處也會莫名其妙地生氣、砸東西，造成同學們都非常「敬重」
他，如同弟妹般，不敢造次。巡輔老師認為：「文哥的情緒管理能
力不佳，無法用合宜的方式處理問題。不喜歡命令的口吻，若令其
感受到威脅或不耐煩時會情緒爆發。」根據Kewley（1999）所整
理的ADHD兒童隨著年齡的發展模式（如圖 8 所示），一旦在發展
過程中，他們的自尊低落，就易衍生出後續的問題行為、對立性反
抗疾患及品行疾患等。

🌸 輔導三部曲

觀察兩週後，學校的特教組長突然打電話給巡輔老師，告知文
哥與同學起衝突，一氣之下用拳頭捶破窗戶，造成手臂受傷。校方
因而認為巡輔老師過去兩週的輔導完全沒有效，巡輔老師只好開始
對文哥進行「實質」的輔導。校方總是希望巡輔老師來輔導一週馬

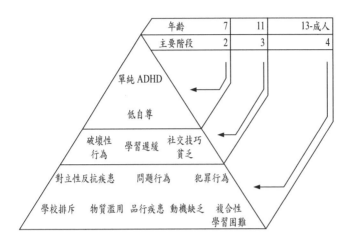

圖 8　隨著年紀增長，ADHD 症狀對患者的衝擊模式
資料來源：譯自 Kewley（1999）

上就要立竿見影，學生隨後在班上的行為就會改善，殊不知輔導工作的前幾週都須花在與個案建立信任關係及了解個案上。

一、輔導初期

建立關係雖然最為困難，但卻最為重要！對付ODD的學生，第一步就是跟他建立好關係。巡輔老師表示：「由於突然地介入，

班有過動兒　正向行為支持

文哥對我的防備心太強,表現出太多疑惑與不信任。」巡輔老師被文哥的抗拒功力震了一下。於是,巡輔老師開始將晤談與文哥有興趣的事物——線上遊戲與籃球——連結在一起。也就是說,晤談時間都是在籃球場上進行,邊打籃球邊聊。當時,深受學生喜愛的手機遊戲之一是「神魔之塔」,它集合了益智、模擬及角色扮演等多元特性;而較具代表性的線上遊戲則是「英雄聯盟」(LOL),遊戲當中的多樣化角色、多變的情境與策略、團隊合作征戰的快感,相當吸引人。籃球方面則是林書豪走紅的時期。這些話題,讓巡輔老師有機會卸下文哥的心防。沒有這方面休閒接觸的老師,也不用太擔心無法跟學生建立關係,跟學生聊一些學校發生的有趣事件(八卦)也行,只要無關個案本人優劣與否的話題都可以。但是,一定是要有趣的、好笑的,才可以讓晤談氣氛輕鬆些。

二、輔導中期

巡輔老師發現,經常打籃球可以讓文哥抒發心中怒氣、心情穩定且愉快些。恰好巡輔老師擅長運用「應用行為分析」(如圖 9 所

188

示），了解文哥之前的偏差行為具有抒發心中怒氣的功能，於是想要找尋另一正向行為來替代文哥的偏差行為，以達同樣的功能。所以，巡輔老師利用「打籃球的行為」來取代文哥的「破壞公物」、「嗆老師」、「嗆同學」等發洩怒氣的行為。在巡輔老師耐心的陪伴下，雖在晤談期間文哥仍會經常發怒，但是不會再用破壞公物的方式，而是替代以打籃球的方式來宣洩情緒。

所以，文哥需要學習的是用合宜的方式來處理他的情緒問題。巡輔老師認為，校方應該挪出人力來協助引導文哥進行更多的適當

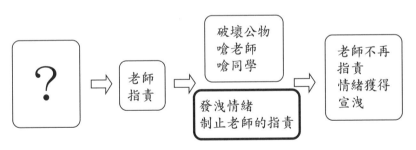

註：文哥之所以會表現出「破壞公物」、「嗆老師」、「嗆同學」等行為是為了發洩情緒。因此，利用「打籃球的行為」來替代文哥的偏差行為，因對文哥而言，打籃球也有發洩情緒的功能。然而，造成被老師指責的遠因「？」並沒有分析出來。

圖 9　採應用行為分析取向，文哥的行為功能評量結果

情緒調節方式，甚至可以在他不爽時，讓他離開教室去操場打球。但這樣的建議不被行政老師支持。巡輔老師心想：「他不打球，也是翹課、閒晃，甚至翻牆出校門，這和讓他離開教室去操場打球，到底有何差別？」於是，只有在巡輔服務的時間，文哥才有機會與巡輔老師一邊打籃球，一邊表達自己的想法，巡輔老師也會利用此時與文哥交流成長經驗。

三、輔導後期

　　文哥升上國三了，學校生活上若有問題，他會主動詢問巡輔老師，能夠談論的話題也較多了，包括：「如何與家人溝通」、「同儕如何相處」、「兩性如何相處」、「高中有哪些社團活動」等。文哥自己也表示：「現在不會那麼容易生氣了！」更可喜的是，除了巡輔老師之外，當有自己無法解決的事情發生時，文哥會主動詢問輔導主任及資源班那位較談得來的數學老師。文哥甚至會主動開口要求展開銷過觀察，希望可以爭取參加畢業旅行的資格。於是，文哥比較願意到資源班上課，臭臉或什麼都不做的情況減少很多，

在原班上課趴睡的次數也減少了。

　　巡輔老師表示，他的服務模式是先進行應用行為分析，即先觀察行為的前因後果，亦即先了解是哪些情況或原因造成偏差行為的發生，且當個案表現出偏差行為後，可以得到什麼結果。如圖9所示，文哥通常是在被「老師指責」（前因）之後，就易表現出「破壞公物」、「嗆老師」、「嗆同學」等偏差行為，而一旦表現出這些行為之後，文哥可以得到的結果，就是老師不敢再管他，也會「停止指責」他，甚至做出這些行為之後，他的心情會好一些。

　　接著設計出可滿足個案需求的替代行為。尤其是當前因無法控制不發生時，如在文哥的例子中，老師不可能不責備「挑釁」老師的文哥，就只好教導採用替代行為（打籃球）來達到原有功能——發洩情緒。但當執行替代行為時，往往會有一段過度陣痛期，也就是偏差行為與替代行為兩者會同時並存。可是，校方的行政人員卻期待巡輔老師可以變魔法，也就是在短短幾次的巡輔內，就可改善個案的偏差行為。「無奈呀！無奈！」這位資深的巡輔老師語重心長地表示。於是，特教資源中心的巡輔團隊期待校園環境能友善

化，即導師、科任老師、輔導老師及學務處人員可以理解輔導過程無法速成，需慢火細燉，而願意配合巡輔老師等專業人員的計策。

🌸 正向行為支持策略

事實上，這位巡輔老師的任務尚未完成。因為「遠因」尚未分析出來，也因此尚未釜底抽薪地解決文哥的問題。一般而言，過動症學生會被老師指責的遠因，都是他們因注意力不足、過動及衝動症狀所造成的學習困難，而這些困難不是ADHD學生本身有能力自行克服的。在文哥的例子裡，有可能是因為他的工作記憶不佳，無法應付高年級的課業，加上挫折容忍度低、愛面子或不知如何表達及求助，索性就暴躁易怒且放棄課業學習。因此，老師及父母可以訓練孩子「執行功能」，教導他們如何有技巧地完成課業任務，包括：背課文、學數學題、準時交作業等。

參考文獻

中文部分

李宏鎰（2011）。**當媽媽遇見過動兒**。臺北市：心理。

陳鈺弦、李宏鎰（2011）。注意力缺陷過動症兒童之因應策略探
討：家長觀點。**應用心理研究，49**，111-134。

英文部分

American Psychiatric Association. (2013). *Diagnostic and statistical manual of mental disorders* (5th ed.). Washington, DC: Author.

Anderson, J. C., Williams, S., McGee, R., & Silva, P. A. (1998). DSM-III disorders in preadolescent children: Prevalence in a large community sample. *Archives of General Psychiatry, 44*, 69-76.

Barkley, R. A. (2004). Adolescents with attention-deficit/hyperactivity disorder: An overview of empirically based treatments. *Journal of Psychiatric Practice, 10*(1), 39-56.

Biederman, J., Newcorn, J., & Sprich, S. (1991). Comorbidity of attention deficit hyperactivity disorder with conduct, depressive, anxiety, and other disorders. *American Journal of Psychiatry, 148*, 564-577.

Bird, H. R., Canino, G., & Rubio-Stipec, M. (1988). Estimates of prevalence of psychiatric maladjustment in a community survey in Puerto Rico. *Archives of General Psychiatry, 45*, 1120-1126.

Claude, D., & Firestone, P. (1995). The development of ADHD boys: A 12-year follow-up. *Canadian Journal of Behavioral Science, 27*, 226-249.

DuPaul, G. J., & Eckert, T. L. (1997). The effects of school-based interventions for attention deficit hyperactivity disorder: A meta analysis. *School Psychology Digest, 26*, 5-27.

DuPaul, G. J., & Stoner, G. (2003). *ADHD in the schools* (2nd ed.). New

York, NY: Guilford Press.

Hechtman, L., Weiss, G., & Perlman, T. (1984). Hyperactives as young adults: Past and current substance abuse and antisocial behaviour. *American Journal of Orthopsychiatry, 54*(3), 415-425.

Kewley, G. (1999). *Attention deficit hyperactivity disorder: Recognition, reality and resolution*. London, UK: David Fulton.

Kim, O. H., & Kaiser, A. P. (2000). Language characteristics of children with attention deficit hyperactivity disorder. *Communication Disorders Quarterly, 21*, 154-165.

Pfiffner, L. J., Barkley, R. A., & DuPaul, G. J. (2005). Attention deficit hyperactivity disorder: A handbook for diagnosis and treatment. In R. A. Barkley (Ed.), *Treatment of ADHD in school settings* (3rd ed.) (pp. 547-589). New York, NY: Guilford Press.

Scahill, L., Carroll, D., & Burke, K. (2004). Methylphenidate: Mechanism of action and clinical update. *Journal of Child and Adolescent Psychiatric Nursing, 17*, 85-86.

Steinhausen, H. C., Nøvik, T. S., Baldursson, G., Curatolo, P., Lorenzo, M. J., Rodrigues Pereira, R. et al. (2006). Co-existing psychiatric problems in ADHD in the ADORE cohort. *European Child and Adolescent Psychiatry, 15*(S1), i25-i29. doi: 10.1007/s00787-006-1004-y

Tirosh, E., & Cohen, A. (1998). Language deficit with attention-deficit disorder: A prevalent comorbidity. *Journal of Child Neurology, 13*, 493-497.

Turgay, A., & Ansari, R. (2006). Major depression with ADHD: In children and adolescents. *Psychiatry (Edgmont), 3*(4), 21-32.

Turgay, A., Blanchard, J., Ng, D. et al. (2003). Comorbidities in child and adolescent major depression (p. 270). *Annual Meeting of the American Psychiatric Association*, San Francisco, CA.

Weiss, L. (1992). *Attention deficit disorder in adults*. Dallas, TX: Taylor & Francis.

國家圖書館出版品預行編目（CIP）資料

班有過動兒：正向行為支持／李宏鎰著. --初版.--
新北市：心理, 2018.07
　　面；　　公分. --（特教故事系列；66007）

ISBN 978-986-191-831-0（平裝）

1.過動兒 2.通俗作品

173.16　　　　　　　　　　　　　107009400

特教故事系列 66007

班有過動兒：正向行為支持

作　　者：李宏鎰
責任編輯：郭佳玲
總 編 輯：林敬堯
發 行 人：洪有義
出 版 者：心理出版社股份有限公司
地　　址：231026 新北市新店區光明街 288 號 7 樓
電　　話：(02) 29150566
傳　　真：(02) 29152928
郵撥帳號：19293172 心理出版社股份有限公司
網　　址：https://www.psy.com.tw
電子信箱：psychoco@ms15.hinet.net
排 版 者：辰皓國際出版製作有限公司
印 刷 者：辰皓國際出版製作有限公司
初版一刷：2018 年 7 月
初版三刷：2024 年 1 月
Ｉ Ｓ Ｂ Ｎ：978-986-191-831-0
定　　價：新台幣 250 元